The Shadow over Innsmouth

Der Schatten über Innsmouth

[Bilingual Edition]

English – German

by H. P. Lovecraft

Translated by Möwenstein

ISBN: 979-8-89513-063-6

Original text: *The Shadow over Innsmouth* by H. P. Lovecraft

Translation generated and edited by Möwenstein Books.

Cover Art: Inspired by *Hustling Sunlight* by Matthew Bakkom.

Visit www.hustlingsunlight.xyz to explore more.

Möwenstein Books™ is an imprint and trademark of Mowenstein Books LLC.

For permissions or inquiries, contact:

Website: mowenstein.com

Email: copyright@mowenstein.com

Mowenstein Books LLC

DE, USA

The Shadow Over Innsmouth

Der Schatten über Innsmouth

1.1 Horrifying Novelette

Schreckliche Novelle

Unspeakable monstrousness over-hung	Unaussprechliche Ungeheuerlichkeit überlagert
the crumbling, stench-cursed town of	die verfallene, von Gestank verfluchte Stadt
Innsmouth ...and folks there had somehow	Innsmouth ...und die Leute dort hatten irgendwie
got out of the idea of dying ...	aus der Idee des Sterbens herausgekommen ...

During the winter of 1927-28 Federal government officials made a strange and secret investigation of certain conditions in the ancient Massachusetts seaport of Innsmouth. 4.1

Während des Winters 1927/28 führten Beamte der Bundesregierung eine seltsame und geheime Untersuchung bestimmter Zustände in der alten Hafenstadt Innsmouth in Massachusetts durch.

The public first learned of it in February, when a vast series of raids and arrests occurred, followed by the deliberate burning and dynamiting - 4.2

Die Öffentlichkeit erfuhr davon zum ersten Mal im Februar, als es zu einer Reihe von Razzien und Verhaftungen kam, gefolgt von der vorsätzlichen Verbrennung und Sprengung -

under suitable precautions - 4.3

unter angemessenen Vorsichtsmaßnahmen -

of an enormous number of crumbling, worm-eaten, and supposedly empty houses along the abandoned waterfront. 4.4

einer enormen Anzahl verfallener, von Würmern zerfressener und vermeintlich leerstehender Häuser entlang des verlassenen Hafenviertels.

Uninquiring souls let this occurrence pass as one of the major clashes in a spasmodic war on liquor. 4.5

Unbedarfte Seelen ließen diesen Vorfall als einen der wichtigsten Zusammenstöße in einem krampfhaften Krieg gegen den Alkohol durchgehen.

5.1 Keener news-followers, however, wondered at the prodigious number of arrests, the abnormally large force of men used in making them, and the secrecy surrounding the disposal of the prisoners.
Aufmerksame Beobachter der Nachrichtenlage wunderten sich jedoch über die ungeheure Zahl der Verhaftungen, die ungewöhnlich große Zahl von Männern, die dabei eingesetzt wurden, und die Geheimhaltung der Verbringung der Gefangenen.

5.2 No trials, or even definite charges, were reported;
Es wurden keine Gerichtsverfahren oder auch nur konkrete Anklagen gemeldet;

5.3 nor were any of the captives seen thereafter in the regular jails of the nation.
auch wurde keiner der Gefangenen danach in den regulären Gefängnissen des Landes gesehen.

5.4 There were vague statements about disease and concentration camps, and later about dispersal in various naval and military prisons, but nothing positive ever developed.
Es gab vage Aussagen über Krankheiten und Konzentrationslager und später über die Verteilung in verschiedene Marine - und Militärgefängnisse, aber nichts Positives wurde jemals bekannt.

6.1 Complaints from many liberal organizations were met with long confidential discussions,
Die Beschwerden zahlreicher liberaler Organisationen wurden in langen vertraulichen Gesprächen erörtert,

6.2 and representatives were taken on trips to certain camps and prisons.
und Vertreter wurden zu Reisen in bestimmte Lager und Gefängnisse mitgenommen.

As a result, 6.3
Das Ergebnis war,

these societies became surprisingly passive and reticent. 6.4
dass diese Vereine überraschend passiv und zurückhaltend wurden.

Newspaper men were harder to manage, 6.5
Die Zeitungsleute waren schwieriger zu handhaben,

but seemed largely to cooperate with the government in the end. 6.6
schienen aber letztlich weitgehend mit der Regierung zu kooperieren.

Only one paper - 6.7
Nur eine einzige Zeitung -

a tabloid always discounted because of its wild policy - 6.8
ein Boulevardblatt, das wegen seiner wilden Politik stets verpönt war -

mentioned the deep-diving submarine that discharged torpedoes downward in the marine abyss just beyond Devil Reef. 6.9
erwähnte das tief tauchende U-Boot, das seine Torpedos in den Meeresabgrund jenseits des Devil Reefs abwarf.

6.10 That item, gathered by chance in a haunt of sailors, seemed indeed rather far-fetched; since the low, black reef lies a full mile and a half out from Innsmouth Harbor.

Dieser Artikel, der zufällig in einem Seemannsheim aufgeschnappt wurde, schien in der Tat ziemlich weit hergeholt zu sein, denn das niedrige, schwarze Riff liegt anderthalb Meilen vom Hafen von Innsmouth entfernt.

7.1 But at last I am going to defy the ban on speech about this thing.

Aber endlich werde ich mich über das Verbot hinwegsetzen, über diese Sache zu sprechen.

7.2 Results, I am certain, are so thorough that no public harm save a shock of repulsion could ever accrue from a hinting of what was found by those horrified raiders at Innsmouth.

Die Ergebnisse, da bin ich mir sicher, sind so gründlich, dass eine Andeutung dessen, was die entsetzten Räuber in Innsmouth gefunden haben, der Öffentlichkeit keinen Schaden zufügen kann, außer einem Schock der Abscheu.

7.3 For my contact with this affair has been closer than that of any other layman, and I have carried away impressions which are yet to drive me to drastic measures.

Denn ich bin mit dieser Angelegenheit näher in Berührung gekommen als jeder andere Laie, und ich habe Eindrücke mitgenommen, die mich noch zu drastischen Maßnahmen treiben werden.

It was I who fled frantically out of Innsmouth in the early morning hours of July 16, 1927, and whose frightened appeals for government inquiry and action brought on the whole reported episode. 8.1

Ich war es, der in den frühen Morgenstunden des 16. Juli 1927 verzweifelt aus Innsmouth floh und dessen verängstigte Appelle an die Regierung, eine Untersuchung einzuleiten und Maßnahmen zu ergreifen, den ganzen Bericht auslösten.

I was willing enough to stay mute while the affair was fresh and uncertain; 8.2

Ich war gewillt, stumm zu bleiben, solange die Angelegenheit noch frisch und ungewiss war;

but now that it is an old story, with public interest and curiosity gone, I have an odd craving to whisper about those few frightful hours in that ill-rumored and evilly-shadowed seaport of death and blasphemous abnormality. 8.3

aber jetzt, da die Geschichte alt ist und das öffentliche Interesse und die Neugier erloschen sind, habe ich ein seltsames Verlangen, über diese wenigen schrecklichen Stunden in dieser übel beleumundeten und bösartig beschatteten Hafenstadt des Todes und der gotteslästerlichen Abnormität zu flüstern.

I never heard of Innsmouth till the day before I saw it for the first and — so far — last time. 9.1

Ich hatte noch nie von Innsmouth gehört, bis zu dem Tag, bevor ich es zum ersten und bisher letzten Mal sah.

I was celebrating my coming of age by a tour of New England - 9.2

Ich feierte meine Volljährigkeit mit einer Besichtigungs -

9.3 sightseeing, antiquarian, and genealogical -
Antiquitäten -

9.4 and had planned to go directly from ancient Newburyport to Arkham, whence my mother's family was derived.
und Ahnenforschungsreise durch Neuengland und hatte geplant, vom alten Newburyport direkt nach Arkham zu fahren, woher die Familie meiner Mutter stammte.

9.5 I had no car, but was traveling by train, trolley, and motor-coach, always seeking the cheapest possible route.
Ich hatte kein Auto, sondern reiste mit dem Zug, der Straßenbahn und dem Autobus, immer auf der Suche nach der günstigsten Route.

9.6 In Newburyport they told me that the steam train was the thing to take to Arkham; and it was only at the station ticket-office, when I demurred at the high fare, that I learned about Innsmouth.
In Newburyport sagte man mir, dass man mit dem Dampfzug nach Arkham fahren müsse, und erst am Bahnhofsschalter, als ich den hohen Fahrpreis beanstandete, erfuhr ich von Innsmouth.

9.7 The stout, shrewd-faced agent, whose speech showed him to be no local man, seemed sympathetic toward my efforts at economy, and made a suggestion that none of my other informants had offered.
Der stämmige, scharfsinnige Beamte, dessen Sprache zeigte, dass er kein Einheimischer war, schien Verständnis für meine Sparbemühungen zu haben und machte mir einen Vorschlag, den keiner meiner anderen Informanten gemacht hatte.

"You could take that old bus, I suppose," he said with a certain hesitation, "but it ain't thought much of hereabouts. 10.1
"Du könntest den alten Bus nehmen, denke ich", sagte er mit einem gewissen Zögern, "aber der ist hier nicht sehr beliebt.

It goes through Innsmouth - you may have heard about that - 10.2
Er fährt durch Innsmouth - du hast vielleicht davon gehört -

and so the people don't like it. 10.3
und deshalb mögen ihn die Leute nicht.

Run by an Innsmouth fellow — Joe Sargent — but never gets any custom from here, or Arkham either, I guess. 10.4
Sie wird von einem Kerl aus Innsmouth betrieben, Joe Sargent, aber er hat nie Kunden von hier, und auch nicht aus Arkham, schätze ich.

Leaves the Square - front of Hammond's Drug Store - 10.5
Verlässt den Platz - vor Hammonds Drug Store -

at 10 A.M. and 7 P.M. unless they've changed lately. 10.6
um 10 und 19 Uhr, es sei denn, sie haben sich in letzter Zeit geändert.

Looks like a terrible rattletrap - 10.7
Sieht aus wie eine schreckliche Klapperkiste -

I've never been on it." 10.8
ich bin noch nie damit gefahren."

11.1 That was the first I ever heard of shadowed Innsmouth.

Das war das erste Mal, dass ich von dem verschatteten Innsmouth hörte.

11.2 Any reference to a town not shown on common maps or listed in recent guidebooks would have interested me, and the agent's old manner of allusion roused something like real curiosity.

Jeder Hinweis auf eine Stadt, die nicht auf den üblichen Landkarten oder in aktuellen Reiseführern verzeichnet ist, hätte mich interessiert, und die alte Art der Anspielung des Agenten weckte so etwas wie echte Neugierde.

11.3 So I asked the agent to tell me something about it.

Also bat ich den Agenten, mir etwas darüber zu erzählen.

12.1 He was very deliberate,

Er war sehr bedächtig und sprach mit einem Gefühl der leichten Überlegenheit über das,

12.2 and spoke with an air of feeling slightly superior to what he said.

was er sagte.

13.1 "Innsmouth? Well,

"Innsmouth? Nun,

13.2 it's a queer kind of town down at the mouth of the Manuxet.

das ist eine seltsame Stadt unten an der Mündung des Manuxet.

13.3 Used to be almost a city -

Früher war es fast eine Stadt -

quite a port before the War of 1812 - 13.4
vor dem Krieg von 1812 ein ziemlicher Hafen -

but all gone to pieces in the last hundred years or so. 13.5
aber in den letzten hundert Jahren oder so ist alles in Trümmern gegangen.

No railroad now - 13.6
Es gibt keine Eisenbahn mehr -

B. & M. never went through, 13.7
B. & M. sind nie durchgefahren,

and the branch line from Rowley was given up years ago. 13.8
und die Zweiglinie von Rowley wurde vor Jahren aufgegeben.

"More empty houses than there are people, I guess, and no business to speak of except fishing and lobstering. 14.1
"Ich glaube, es gibt mehr leere Häuser als Menschen, und außer Fischerei und Hummerfang gibt es keine nennenswerten Geschäfte.

Everybody trades mostly either here or in Arkham or Ipswich. 14.2
Jeder handelt hauptsächlich entweder hier oder in Arkham oder Ipswich.

Once they had quite a few mills, but nothing's left now except one gold refinery running on the leanest kind of part time. 14.3
Früher gab es ein paar Mühlen, aber jetzt ist nichts mehr übrig, außer einer Goldraffinerie, die nur noch in Teilzeit arbeitet.

15.1 "That refinery, though, used to be a big thing, and Old Man Marsh, who owns it, must be richer'n Croesus.
"Die Raffinerie war mal ein großes Ding, und der alte Marsh, dem sie gehört, muss reicher als Krösus sein.

15.2 Queer old duck, though, and sticks mighty close in his home.
Aber er ist ein komischer alter Kauz, der sich sehr an sein Haus klammert.

15.3 He's supposed to have developed some skin disease or deformity late in life that makes him keep out of sight.
Es wird angenommen, dass er im Laufe seines Lebens eine Hautkrankheit oder eine Missbildung entwickelt hat, die ihn dazu bringt, sich zu verstecken.

15.4 Grandson of Captain Obed Marsh,
Er ist ein Enkel von Kapitän Obed Marsh,

15.5 who founded the business.
dem Gründer des Unternehmens.

15.6 His mother seems to've been some kind of foreigner -
Seine Mutter scheint eine Ausländerin gewesen zu sein -

15.7 they say a South Sea islander -
man sagt, eine Südseeinsulanerin -

15.8 so everybody raised Cain when he married an Ipswich girl fifty years ago.
und so zogen alle Cain auf, als er vor fünfzig Jahren ein Mädchen aus Ipswich heiratete.

They always do that about Innsmouth people, and folks here and hereabouts always try to cover up any Innsmouth blood they have in 'em. 15.9
Das ist bei Leuten aus Innsmouth immer so, und die Leute hier und in der Umgebung versuchen immer, jegliches Innsmouth-Blut zu verbergen, das sie in sich tragen.

But Marsh's children and grandchildren look just like anybody else so far's I can see. 15.10
Aber Marshs Kinder und Enkel sehen genauso aus wie alle anderen, soweit ich sehen kann.

I've had 'em pointed out to me here - 15.11
Man hat sie mir hier gezeigt -

though, come to think of it, the elder children don't seem to be around lately. 15.12
obwohl, wenn ich so darüber nachdenke, die älteren Kinder in letzter Zeit nicht mehr da zu sein scheinen.

Never saw the old man. 15.13
Den alten Mann habe ich nie gesehen.

"And why is everybody so down on Innsmouth? 16.1
"Und warum sind alle so schlecht auf Innsmouth zu sprechen?

Well, young fellow, you mustn't take too much stock in what people around here say. 16.2
Nun, junger Mann, du darfst nicht zu viel auf das geben, was die Leute hier sagen.

They're hard to get started, but once they do get started they never let up. 16.3
Sie sind schwer in Fahrt zu bringen, aber wenn sie einmal angefangen haben, lassen sie nicht mehr locker.

16.4 They've been telling things about Innsmouth -
Man erzählt sich seit hundert Jahren Dinge über Innsmouth -

16.5 whispering 'em, mostly -
meistens flüstert man sie -

16.6 for the last hundred years, I guess, and I gather they're more scared than anything else.
und ich glaube, sie haben mehr Angst als alles andere.

16.7 Some of the stories would make you laugh -
Einige der Geschichten würden dich zum Lachen bringen -

16.8 about old Captain Marsh driving bargains with the devil and bringing imps out of hell to live in Innsmouth, or about some kind of devil-worship and awful sacrifices in some place near the wharves that people stumbled on around 1845 or thereabouts -
über den alten Captain Marsh, der mit dem Teufel verhandelt und Kobolde aus der Hölle holt, um in Innsmouth zu leben, oder über eine Art Teufelsanbetung und schreckliche Opfer an einem Ort in der Nähe der Kais, über den die Leute um 1845 oder so gestolpert sind -

16.9 but I come from Panton, Vermont, and that kind of story don't go down with me.
aber ich komme aus Panton, Vermont, und diese Art von Geschichten gefallen mir nicht.

17.1 "You ought to hear, though, what some of the old-timers tell about the black reef off the coast -
"Du solltest aber hören, was einige der alten Leute über das schwarze Riff vor der Küste erzählen -

Devil Reef, they call it. 17.2
sie nennen es Teufelsriff.

It's well above water a good part of the time, and never much below it, but at that you could hardly call it an island. 17.3
Es liegt die meiste Zeit über dem Wasser und ist nie sehr tief, aber man kann es kaum als Insel bezeichnen.

The story is that there's a whole legion of devils seen sometimes on that reef - 17.4
Man erzählt sich, dass man manchmal eine ganze Legion von Teufeln auf diesem Riff sieht -

sprawled about, or darting in and out of some kind of caves near the top. 17.5
sie treiben sich dort herum oder huschen in eine Art Höhle nahe der Spitze hinein und wieder heraus.

It's a rugged, uneven thing, a good bit over a mile out, and toward the end of shipping days sailors used to make big detours just to avoid it. 17.6
Es ist ein zerklüftetes, unebenes Ding, gut eine Meile weit draußen, und gegen Ende der Schifffahrtszeit machten die Seeleute große Umwege, um es zu umgehen.

"That is, sailors that didn't hail from Innsmouth. 18.1
"Das heißt, Seeleute, die nicht aus Innsmouth stammen.

One of the things they had against old Captain Marsh was that he was supposed to land on it sometimes at night when the tide was right. 18.2
Eines der Dinge, die man dem alten Kapitän Marsh vorwarf, war, dass er manchmal nachts, wenn die Flut kam, hier an Land ging.

18.3 Maybe he did, for I dare say the rock formation was interesting, and it's just barely possible he was looking for pirate loot and maybe finding it;
Vielleicht tat er das, denn ich wage zu behaupten, dass die Felsformation interessant war, und es ist gut möglich, dass er nach Piratenbeute suchte und sie vielleicht auch fand;

18.4 but there was talk of his dealing with demons there.
aber es hieß, dass er dort mit Dämonen zu tun hatte.

18.5 Fact is,
Im Großen und Ganzen war es wohl wirklich der Kapitän,

18.6 I guess on the whole it was really the captain that gave the bad reputation to the reef.
der dem Riff den schlechten Ruf einbrachte.

19.1 "That was before the big epidemic of 1846,
"Das war vor der großen Epidemie von 1846,

19.2 when over half the folks in Innsmouth was carried off.
als mehr als die Hälfte der Einwohner von Innsmouth dahingerafft wurde.

19.3 They never did quite figure out what the trouble was, but it was probably some foreign kind of disease brought from China or somewhere by the shipping.
Man hat nie ganz herausgefunden, was das Problem war, aber wahrscheinlich war es eine fremde Krankheit, die mit der Schifffahrt aus China oder sonstwoher eingeschleppt wurde.

19.4 It surely was bad enough -
Es war auf jeden Fall schlimm genug -

there was riots over it, and all sorts of ghastly doings that I don't believe ever got outside of town - 19.5
es gab Unruhen und alle möglichen grausigen Dinge, die, wie ich glaube, nie außerhalb der Stadt bekannt wurden -

and it left the place in awful shape. 19.6
und es hat den Ort in einem schrecklichen Zustand hinterlassen.

Never came back - 19.7
Sie sind nie wieder zurückgekommen -

there can't be more'n 300 or 400 people living there now. 19.8
es können nicht mehr als 300 oder 400 Menschen dort leben.

"But the real thing behind the way folks feel is simply race prejudice - 20.1
"Aber der wahre Grund für die Gefühle der Leute sind einfach Rassenvorurteile -

and I don't say I'm blaming those that hold it. 20.2
und ich sage nicht, dass ich denen, die sie haben, die Schuld gebe.

I hate those Innsmouth folks myself, and I wouldn't care to go to their town. 20.3
Ich selbst hasse diese Leute aus Innsmouth und möchte nicht in ihre Stadt gehen.

I s'pose you know - 20.4
Ich nehme an, Sie wissen -

though I can see you're a Westerner by your talk - 20.5
obwohl ich an Ihrem Gerede sehe, dass Sie aus dem Westen kommen -

20.6 what a lot our New England ships used to have to do with queer ports in Africa, Asia, the South Seas, and everywhere else, and what queer kinds of people they sometimes brought back with 'em.
dass unsere Schiffe aus Neuengland viel mit seltsamen Häfen in Afrika, Asien, der Südsee und überall sonst zu tun hatten und was für seltsame Leute sie manchmal mitbrachten.

20.7 You've probably heard about the Salem man that came home with a Chinese wife, and maybe you know there's still a bunch of Fiji Islanders somewhere around Cape Cod.
Sie haben wahrscheinlich von dem Mann aus Salem gehört, der mit einer chinesischen Frau nach Hause kam, und vielleicht wissen Sie, dass es immer noch einen Haufen Fidschi-Insulaner irgendwo um Cape Cod herum gibt.

21.1 "Well,
"Nun,

21.2 there must be something like that back of the Innsmouth people.
so etwas muss es bei den Leuten in Innsmouth gegeben haben.

21.3 The place always was badly cut off from the rest of the country by marshes and creeks, and we can't be sure about the ins and outs of the matter;
Der Ort war schon immer durch Sümpfe und Bäche vom Rest des Landes abgeschnitten, und wir können uns nicht sicher sein, was genau passiert ist;

but it's pretty clear that old Captain Marsh must have brought home some odd specimens when he had all three of his ships in commission back in the twenties and thirties. 21.4

aber es ist ziemlich klar, dass der alte Captain Marsh ein paar seltsame Exemplare mitgebracht haben muss, als er in den zwanziger und dreißiger Jahren alle drei Schiffe in Betrieb hatte.

There certainly is a strange kind of a streak in the Innsmouth folks today - 21.5

Die Leute in Innsmouth haben heute wirklich eine seltsame Ader -

I don't know how to explain it, but it sort of makes you crawl. 21.6

ich weiß nicht, wie ich es erklären soll, aber es macht einen irgendwie kribbelig.

You'll notice a little in Sargent if you take his bus. 21.7

Du wirst etwas von Sargent bemerken, wenn du seinen Bus nimmst.

Some of 'em have queer narrow heads with flat noses and bulgy, starey eyes that never seem to shut, and their skin ain't quite right. 21.8

Einige von ihnen haben seltsame schmale Köpfe mit flachen Nasen und wulstigen, starrenden Augen, die nie zu schließen scheinen, und ihre Haut ist nicht ganz in Ordnung.

Rough and scabby, and the sides of their necks are all shriveled or creased up. 21.9

Ihre Haut ist nicht ganz in Ordnung, rau und schorfig, und die Seiten ihres Halses sind ganz verschrumpelt oder verknittert.

21.10 Get bald, too, very young.
Sie bekommen auch eine Glatze, wenn sie sehr jung sind.

21.11 The older fellows look the worst - fact is,
Die Älteren sehen am schlimmsten aus - ich glaube,

21.12 I don't believe I've ever seen a very old chap of that kind.
ich habe noch nie einen sehr alten Kerl dieser Art gesehen.

21.13 Guess they must die of looking in the glass!
Sie müssen wohl daran sterben, ins Glas zu schauen!

21.14 Animals hate 'em -
Die Tiere hassen sie -

21.15 they used to have lots of horse trouble before autos came in.
bevor es Autos gab, hatten sie viel Ärger mit Pferden.

22.1 "Nobody can ever keep track of those people,
"Niemand kann diese Leute jemals im Auge behalten,

22.2 and state school officials and census men have a devil of a time.
und die staatlichen Schulbeamten und Volkszähler haben einen Heidenspaß.

22.3 You can bet that prying strangers ain't welcome around Innsmouth.
Du kannst wetten, dass neugierige Fremde in Innsmouth nicht willkommen sind.

I've heard personally of more'n one business or government man that's disappeared there, and there's loose talk of one who went crazy and is out at Danvers now. 22.4

Ich habe persönlich von mehr als einem Geschäftsmann oder Regierungsbeamten gehört, der dort verschwunden ist, und es gibt Gerüchte über einen, der verrückt geworden ist und sich jetzt in Danvers aufhält.

They must have fixed up some awful scare for that fellow. 22.5

Sie müssen dem Kerl einen furchtbaren Schrecken eingejagt haben.

"That's why I wouldn't go at night if I was you. 23.1

"Deshalb würde ich an deiner Stelle auch nicht nachts fahren.

I've never been there and have no wish to go, but I guess a daytime trip couldn't hurt you - 23.2

Ich war noch nie dort und habe auch nicht den Wunsch, dorthin zu gehen, aber ich denke, ein Tagesausflug könnte dir nicht schaden -

even though the people hereabouts will advise you not to make it. 23.3

auch wenn die Leute hier dir davon abraten werden.

If you're just sightseeing, and looking for old-time stuff, Innsmouth ought to be quite a place for you." 23.4

Wenn du nur die Sehenswürdigkeiten besichtigen willst und auf der Suche nach altem Zeug bist, dann sollte Innsmouth ein guter Ort für dich sein."

24.1 And so I spent part of that evening at the Newburyport Public Library looking up data about Innsmouth.

Und so verbrachte ich einen Teil des Abends in der Newburyport Public Library, um Daten über Innsmouth nachzuschlagen.

24.2 The Essex County histories on the library shelves had very little to say, except that the town was founded in 1643, noted for shipbuilding before the Revolution, a seat of great marine prosperity in the early 19th century, and later a minor factory center using the Manuxet as power.

Die Essex County Histories in den Regalen der Bibliothek enthielten nur sehr wenig, außer dass die Stadt 1643 gegründet wurde, vor der Revolution für den Schiffbau bekannt war, im frühen 19 Jahrhundert.

24.3 The epidemic and riots of 1846 were very sparsely treated,

Die Epidemie und die Unruhen von 1846 wurden sehr spärlich behandelt,

24.4 as if they formed a discredit to the country.

als ob sie eine Schande für das Land darstellten.

25.1 References to decline were few,

Es gab nur wenige Hinweise auf den Niedergang,

25.2 though the significance of the later record was unmistakable.

obwohl die Bedeutung der späteren Aufzeichnungen unübersehbar war.

After the Civil War all industrial life was confined to the Marsh Refining Company, 25.3

Nach dem Bürgerkrieg beschränkte sich das gesamte industrielle Leben auf die Marsh Refining Company,

and the marketing of gold ingots formed the only remaining bit of major commerce aside from the eternal fishing. 25.4

und die Vermarktung von Goldbarren bildete neben der ewigen Fischerei den einzigen verbliebenen wichtigen Wirtschaftszweig.

Most interesting of all was a glancing reference to the strange jewelry vaguely associated with Innsmouth. 26.1

Am interessantesten war ein flüchtiger Hinweis auf den seltsamen Schmuck, der vage mit Innsmouth in Verbindung gebracht wurde.

It had evidently impressed the whole countryside more than a little, for mention was made of specimens in the museum of Miskatonic University at Arkham, and in the display room of the Newburyport Historical Society. 26.2

Offensichtlich hatte er die ganze Gegend mehr als nur ein wenig beeindruckt, denn es wurden Exemplare im Museum der Miskatonic University in Arkham und im Ausstellungsraum der Newburyport Historical Society erwähnt.

I resolved to see the local sample - 26.3

Ich beschloss, mir das örtliche Exemplar -

said to be a large, queerly-proportioned thing evidently meant for a tiara - 26.4

ein großes, seltsam proportioniertes Ding, das offensichtlich für eine Tiara gedacht war -

26.5 if it could possibly be arranged.
anzusehen, wenn es sich einrichten ließe.

27.1 The librarian gave me a note of introduction to the curator of the Society, a Miss Anna Tilton, who lived nearby, and after a brief explanation that ancient gentlewoman was kind enough to pilot me into the closed building, since the hour was not outrageously late.
Der Bibliothekar stellte mich der Kuratorin der Gesellschaft, einer Miss Anna Tilton, vor, die in der Nähe wohnte, und nach einer kurzen Erklärung war diese alte Dame so freundlich, mich in das geschlossene Gebäude zu führen, da es nicht übermäßig spät war.

27.2 The collection was a notable one indeed, but in my present mood I had eyes for nothing but the bizarre object which glistened in a corner cupboard under the electric lights.
Die Sammlung war in der Tat bemerkenswert, aber in meiner derzeitigen Stimmung hatte ich nur Augen für das bizarre Objekt, das in einem Eckschrank unter dem elektrischen Licht glitzerte.

28.1 It took no excessive sensitiveness to beauty to make me literally gasp at the strange, unearthly splendor of the alien, opulent phantasy that rested there on a purple velvet cushion.
Es bedurfte keines übermäßigen Schönheitsempfindens, um mich buchstäblich nach Luft schnappen zu lassen angesichts der seltsamen, unirdischen Pracht der fremden, opulenten Phantasie, die dort auf einem violetten Samtkissen ruhte.

The longer I looked, the more the thing fascinated me; 28.2
Je länger ich hinschaute, desto mehr faszinierte mich das Ding;

and in this fascination there was a curiously disturbing element hardly to be classified or accounted for. 28.3
und in dieser Faszination gab es ein seltsam beunruhigendes Element, das sich kaum einordnen oder erklären ließ.

I decided that it was the queer other-worldly quality of the art which made me uneasy. 28.4
Ich beschloss, dass es die seltsame, jenseitige Qualität der Kunst war, die mir Unbehagen bereitete.

It was as if the workmanship were that of another planet. 28.5
Es war, als ob die Kunstwerke von einem anderen Planeten stammten.

The patterns all hinted of remote secrets and unimaginable abysses in time and space, 29.1
Die Muster deuteten alle auf ferne Geheimnisse und unvorstellbare Abgründe in Zeit und Raum hin,

and the monotonously aquatic nature of the reliefs became almost sinister. 29.2
und die monotone aquatische Natur der Reliefs wurde fast unheimlich.

Among these reliefs were fabulous monsters of abhorrent grotesqueness and malignity - 29.3
Unter diesen Reliefs befanden sich fabelhafte Ungeheuer von abscheulicher Groteske und Bösartigkeit -

29.4 wholly primal and awesomely ancestral.
ganz und gar ursprünglich und furchterregend uralt.

30.1 At times I fancied that every contour of these blasphemous fish-frogs was overflowing with the ultimate quintessence of unknown and inhuman evil.
Manchmal hatte ich das Gefühl, dass jede Kontur dieser gotteslästerlichen Fischfrösche von der ultimativen Quintessenz des unbekannten und unmenschlichen Bösen durchdrungen war.

31.1 In odd contrast to the tiara's aspect was its brief and prosy history as related by Miss Tilton.
In seltsamem Kontrast zum Aussehen des Diadems stand seine kurze und langweilige Geschichte, die Miss Tilton erzählte.

31.2 It had been pawned for a ridiculous sum at a shop in State Street in 1873, by a drunken Innsmouth man shortly afterward killed in a brawl.
Es war 1873 in einem Geschäft in der State Street für eine lächerliche Summe verpfändet worden, und zwar von einem betrunkenen Mann aus Innsmouth, der kurz darauf bei einer Schlägerei getötet wurde.

32.1 Miss Tilton was inclined to believe that it formed part of some exotic pirate hoard discovered by old Captain Obed Marsh.
Miss Tilton war geneigt zu glauben, dass es zu einem exotischen Piratenschatz gehörte, den der alte Captain Obed Marsh entdeckt hatte.

This view was surely not weakened by the insistent offers of purchase at a high price which the Marshes began to make as soon as they knew of its presence, and which they repeated to this day despite the Society's unvarying determination not to sell. 32.2

Diese Ansicht wurde sicherlich nicht durch die eindringlichen Kaufangebote zu einem hohen Preis geschwächt, die die Marshes zu machen begannen, sobald sie von seinem Vorhandensein wussten, und die sie bis zum heutigen Tag wiederholten, obwohl die Gesellschaft stets entschlossen war, nicht zu verkaufen.

As the good lady showed me out of the building, she assured me that the rumors of devil-worship were partly justified by a peculiar secret cult which had gained force there and engulfed all the orthodox churches. 33.1

Als die gute Frau mich aus dem Gebäude führte, versicherte sie mir, dass die Gerüchte über Teufelsanbetung zum Teil durch einen besonderen geheimen Kult gerechtfertigt seien, der dort an Kraft gewonnen und alle orthodoxen Kirchen verschlungen habe.

It was called, she said, "The Esoteric Order of Dagon," 34.1

Sie nannte ihn "The Esoteric Order of Dagon"

and was undoubtedly a debased, quasi-pagan thing imported from the East a century before, at a time when Innsmouth fisheries seemed to be going barren. 34.2

und war zweifellos eine entartete, quasi heidnische Sache, die ein Jahrhundert zuvor aus dem Osten importiert worden war, zu einer Zeit, als die Fischerei in Innsmouth zu versiegen schien.

34.3 Its persistence among a simple people was quite natural in view of the sudden and permanent return of abundantly fine fishing,

Sein Fortbestehen bei einem einfachen Volk war ganz natürlich angesichts der plötzlichen und dauerhaften Rückkehr des Fischfangs in Hülle und Fülle,

34.4 and it soon came to be the greatest influence on the town.

und er wurde bald zum größten Einfluss in der Stadt.

35.1 All this, to the pious Miss Tilton, formed an excellent reason for shunning the ancient town of decay and desolation; but to me it was merely a fresh incentive; and I could scarcely sleep in my small room at the

All dies war für die fromme Miss Tilton ein hervorragender Grund, die alte Stadt des Verfalls und der Verwüstung zu meiden; für mich aber war es lediglich ein neuer Ansporn, und ich konnte in meinem kleinen Zimmer im

35.2 "Y" as the night wore away.

"Y" kaum schlafen, als die Nacht verging.

— II —

Shortly before ten the next morning I stood with my one small valise in front of Hammond's Drug Store in old Market Square waiting for the Innsmouth bus. 38.1
Kurz vor zehn Uhr am nächsten Morgen stand ich mit meiner kleinen Reisetasche vor Hammond's Drug Store am alten Marktplatz und wartete auf den Innsmouth-Bus.

In a few moments a small motor-coach of extreme decrepitude and dirty gray color rattled down State Street, made a turn, and drew up at the curb beside me. 38.2
In wenigen Augenblicken ratterte eine kleine, äußerst baufällige und schmutziggraue Kutsche die State Street hinunter, machte eine Kurve und hielt neben mir am Bordstein an.

I felt immediately that it was the right one; 38.3
Ich spürte sofort, dass es der richtige war;

a guess which the half-illegible sign on the windshield - 38.4
eine Vermutung, die das halb unleserliche Schild an der Windschutzscheibe -

"Arkham-Innsmouth-Newb'port" - soon verified. 38.5
"Arkham-Innsmouth-Newb'port" - bald bestätigte.

39.1 There were only three passengers — dark, unkempt men of sullen visage and somewhat youthful cast — and when the vehicle stopped they clumsily shambled out and began walking up State Street in a silent, almost furtive fashion.
Es gab nur drei Fahrgäste - dunkle, ungepflegte Männer mit mürrischem Gesicht und etwas jugendlichem Aussehen — Als das Fahrzeug anhielt, stiegen sie unbeholfen aus und begannen, schweigend und fast heimlich die State Street hinaufzugehen.

39.2 The driver also alighted.
Der Fahrer stieg ebenfalls aus.

39.3 This, I reflected, must be the Joe Sargent mentioned by the ticket-agent;
Dies, so überlegte ich, musste der Joe Sargent sein, von dem der Fahrkartenverkäufer gesprochen hatte;

39.4 and even before I had noticed any details there spread over me a wave of spontaneous aversion which could be neither checked nor explained.
und noch bevor ich irgendwelche Einzelheiten bemerkt hatte, überkam mich eine Welle spontaner Abneigung, die weder kontrolliert noch erklärt werden konnte.

40.1 He was a thin, stoop-shouldered man not much under six feet tall, dressed in shabby blue civilian clothes and wearing a frayed gray golf cap.
Er war ein dünner, bocksschulteriger Mann, nicht viel kleiner als 1,80 m, bekleidet mit schäbiger blauer Zivilkleidung und einer ausgefransten grauen Golfmütze.

His age was perhaps thirty-five, but the odd, deep creases in the sides of his neck made him seem older when one did not study his dull, expressionless face. 40.2

Sein Alter war vielleicht fünfunddreißig, aber die seltsamen, tiefen Falten an den Seiten seines Halses ließen ihn älter erscheinen, wenn man nicht sein stumpfes, ausdrucksloses Gesicht betrachtete.

He had a narrow head, bulging, watery blue eyes that seemed never to wink, a flat nose, a receding forehead and chin, and singularly undeveloped ears. 40.3

Er hatte einen schmalen Kopf, wulstige, wässrige blaue Augen, die nie zu zwinkern schienen, eine flache Nase, eine fliehende Stirn und ein fliehendes Kinn und seltsam unterentwickelte Ohren.

As he walked toward the bus I observed his peculiarly shambling gait and saw that his feet were inordinately immense. 40.4

Als er auf den Bus zuging, beobachtete ich seinen eigentümlich watschelnden Gang und sah, dass seine Füße ungewöhnlich groß waren.

The more I studied them the more I wondered how he could buy any shoes to fit them. 40.5

Je mehr ich sie betrachtete, desto mehr fragte ich mich, wie er überhaupt passende Schuhe kaufen konnte.

A certain greasiness about the fellow increased my dislike. 41.1

Eine gewisse Schmierigkeit des Mannes verstärkte meine Abneigung.

41.2 He was evidently given to working or lounging around the fish docks, and carried with him much of their characteristic smell.
Offensichtlich arbeitete oder faulenzte er auf den Fischdocks und trug viel von deren charakteristischem Geruch mit sich.

41.3 Just what foreign blood was in him I could not even guess.
Welches fremde Blut in ihm steckte, konnte ich nicht einmal erahnen.

42.1 I was sorry when I saw that there would be no other passengers on the bus.
Ich war traurig, als ich sah, dass keine anderen Fahrgäste im Bus sein würden.

42.2 Somehow I did not like the idea of riding alone with this driver.
Irgendwie gefiel mir der Gedanke nicht, allein mit diesem Fahrer zu fahren.

42.3 But as the leaving time obviously approached I conquered my qualms and followed the man aboard, extending him a dollar bill and murmuring the single word
Aber als die Abfahrtszeit offensichtlich näher rückte, überwand ich meine Bedenken und folgte dem Mann an Bord, reichte ihm einen Dollarschein und murmelte das einzige Wort

42.4 "Innsmouth."
"Innsmouth."

At length the decrepit vehicle started with a jerk, and rattled noisily past the old brick buildings of State Street amidst a cloud of vapor from the exhaust. 43.1

Schließlich sprang das klapprige Gefährt mit einem Ruck an und ratterte inmitten einer Dampfwolke aus dem Auspuff geräuschvoll an den alten Backsteinhäusern der State Street vorbei.

The day was warm and sunny, but the landscape of sand, sedge-grass, and stunted shrubbery became more and more desolate as we proceeded. 44.1

Der Tag war warm und sonnig, aber die Landschaft aus Sand, Riedgras und verkümmerten Sträuchern wurde immer trostloser, je weiter wir kamen.

Out the window I could see the blue water and the sandy line of Plum Island, and we presently drew very near the beach as our narrow road veered off from the main highway to Rowley and Ipswich. 44.2

Aus dem Fenster konnte ich das blaue Wasser und die sandige Linie von Plum Island sehen, und bald kamen wir dem Strand sehr nahe, als unsere schmale Straße von der Hauptstraße nach Rowley und Ipswich abzweigte.

At last we lost sight of Plum Island and saw the vast expanse of the open Atlantic on our left. 45.1

Endlich verloren wir Plum Island aus den Augen und sahen zu unserer Linken die Weite des offenen Atlantiks.

Our narrow course began to climb steeply, and I felt a singular sense of disquiet in looking at the lonely crest ahead where the rutted roadway met the sky. 45.2

Unser schmaler Kurs begann steil anzusteigen, und ich empfand ein eigenartiges Gefühl der Beunruhigung, als ich auf den einsamen Kamm vor uns blickte, wo die zerfurchte Fahrbahn auf den Himmel traf.

45.3 It was as if the bus were about to keep on its ascent leaving the sane earth altogether and merging with the unknown arcana of upper air and cryptical sky.

Es war, als würde der Bus seine Fahrt fortsetzen, die gesunde Erde ganz verlassen und mit den unbekannten Arkanen der oberen Luft und des kryptischen Himmels verschmelzen.

45.4 The smell of the sea took on ominous implications, and the silent driver's bent, rigid back and narrow head became more and more hateful.

Der Geruch des Meeres nahm bedrohliche Züge an, und der schweigsame Fahrer mit seinem gekrümmten, starren Rücken und dem schmalen Kopf wurde immer hasserfüllter.

45.5 As I looked at him I saw that the back of his head was almost as hairless as his face, having only a few straggling yellow strands upon a gray scabrous surface.

Als ich ihn ansah, bemerkte ich, dass sein Hinterkopf fast so kahl war wie sein Gesicht, mit nur ein paar gelben Strähnen auf einer grauen, schorfigen Oberfläche.

46.1 Then we reached the crest and beheld the outspread valley beyond, where the Manuxet joins the sea just north of the long line of cliffs that culminate in Kingsport Head;

Dann erreichten wir den Kamm und blickten auf das weite Tal dahinter, wo der Manuxet direkt nördlich der langen Klippenlinie, die in Kingsport Head gipfelt, ins Meer mündet;

46.2 all my attention was captured by the nearer panorama just below me.

meine ganze Aufmerksamkeit galt dem näheren Panorama direkt unter mir.

I had, I realized, come face to face with rumor-shadowed Innsmouth. 46.3
Mir wurde klar, dass ich dem von Gerüchten überschatteten Innsmouth von Angesicht zu Angesicht begegnet war.

It was a town of wide extent and dense construction, 47.1
Es war eine Stadt von großer Ausdehnung und dichter Bebauung,

yet one with a portentous dearth of visible life. 47.2
aber mit einem beklagenswerten Mangel an sichtbarem Leben.

The vast huddle of sagging gambrel roofs and peaked gables conveyed with offensive clearness the idea of wormy decay, and as we approached along the now descending road I could see that many roofs had wholly caved in. 47.3
Die riesige Ansammlung von durchhängenden Satteldächern und spitzen Giebeln vermittelte mit beleidigender Deutlichkeit die Vorstellung von wurmstichigem Verfall, und als wir uns auf der nun abfallenden Straße näherten, konnte ich sehen, dass viele Dächer völlig eingestürzt waren.

Stretching inland I saw the rusted, grass-grown line of the abandoned railway, with leaning telegraph-poles now devoid of wires. 47.4
Im Landesinneren sah ich die verrostete, mit Gras bewachsene Trasse der stillgelegten Eisenbahn, mit schiefen Telegrafenmasten, an denen keine Drähte mehr hingen.

48.1 Here and there the ruins of wharves jutted out from the shore to end in indeterminate rottenness,
Hier und da ragten die Ruinen von Anlegestellen aus dem Ufer und endeten in unbestimmter Fäulnis,

48.2 those farthest south seeming the most decayed.
wobei die am weitesten südlich gelegenen am meisten verfallen zu sein schienen.

48.3 And far out at sea, despite a high tide, I glimpsed a long, black line scarcely rising above the water yet carrying a suggestion of odd latent malignancy.
Und weit draußen auf dem Meer erblickte ich trotz der Flut eine lange, schwarze Linie, die sich kaum aus dem Wasser erhob, aber dennoch eine Andeutung von latenter Bösartigkeit verströmte.

48.4 This, I knew, must be Devil Reef.
Ich wusste, dass dies das Teufelsriff sein musste.

48.5 As I looked, a subtle, curious sense of beckoning seemed superadded to the grim repulsion; and oddly enough, I found this overtone more disturbing than the primary impression.
Als ich hinschaute, schien sich zu der grimmigen Abscheu ein subtiles, merkwürdiges Gefühl des Winkens zu gesellen, und seltsamerweise empfand ich diesen Unterton als noch beunruhigender als den ersten Eindruck.

49.1 As the bus reached a lower level I began to catch the steady note of a waterfall through the unnatural stillness.
Als der Bus eine tiefere Ebene erreichte, konnte ich durch die unnatürliche Stille hindurch den gleichmäßigen Ton eines Wasserfalls wahrnehmen.

The leaning, unpainted houses grew thicker, lined both sides of the road, and displayed more urban tendencies than did those we were leaving behind. 49.2

Die schiefen, ungestrichenen Häuser wurden dichter, säumten beide Seiten der Straße und zeigten mehr städtische Tendenzen als die, die wir hinter uns ließen.

The panorama ahead had contracted to a street scene, and in spots I could see where a cobblestone pavement and stretches of brick sidewalk had formerly existed. 49.3

Das Panorama vor uns hatte sich zu einer Straßenszene zusammengeschrumpft, und an einigen Stellen konnte ich erkennen, wo früher ein Kopfsteinpflaster und gemauerte Bürgersteige gewesen waren.

All the houses were apparently deserted, and there were occasional gaps where tumbledown chimneys and cellar walls told of buildings that had collapsed. 49.4

Alle Häuser waren offenbar verlassen, und gelegentlich gab es Lücken, in denen umgestürzte Schornsteine und Kellerwände von eingestürzten Gebäuden zeugten.

Pervading everything was the most nauseous fishy odor imaginable. 49.5

Alles war von einem unangenehmen Fischgeruch durchdrungen, den man sich nur vorstellen kann.

And I was not to reach my destination without one other very strong impression of poignantly disagreeable quality. 50.1

Und ich sollte mein Ziel nicht erreichen, ohne einen weiteren sehr starken Eindruck von ergreifend unangenehmer Qualität zu hinterlassen.

50.2 The bus had come to a sort of open concourse or radial point with churches on two sides and the bedraggled remains of a circular green in the center,
Der Bus war zu einer Art offenem Platz oder Radialpunkt mit Kirchen auf zwei Seiten und den verwahrlosten Überresten einer kreisförmigen Grünanlage in der Mitte gekommen,

50.3 and I was looking at a large pillared hall on the right-hand junction ahead.
und ich blickte auf eine große Säulenhalle an der rechten Kreuzung vor mir.

50.4 The structure's once white paint was now gray and peeling, and the black and gold sign on the pediment was so faded that I could only with difficulty make out the words "Esoteric Order of Dagon."
Die ehemals weiße Farbe des Gebäudes war jetzt grau und blätterte ab, und das schwarz-goldene Schild am Giebel war so verblasst, dass ich nur mit Mühe die Worte "Esoterischer Orden des Dagon" erkennen konnte."

51.1 The door of the church basement was open, revealing a rectangle of blackness inside.
Die Tür des Kirchenkellers stand offen und gab den Blick frei auf ein schwarzes Rechteck im Inneren.

51.2 And as I looked,
Und während ich hinschaute,

51.3 a certain object crossed or seemed to cross that dark rectangle;
kreuzte ein bestimmtes Objekt dieses dunkle Rechteck oder schien es zu kreuzen;

burning into my brain a momentary conception of nightmare which was all the more maddening because analysis could not show a single nightmarish quality in it. 51.4
es brannte sich in mein Gehirn eine momentane Vorstellung von Alptraum ein, die umso verrückter war, als die Analyse keine einzige alptraumhafte Qualität darin erkennen konnte.

It was a living object - 52.1
Es war ein lebendes Objekt -

the first except the driver that I had seen since entering the compact part of the town - 52.2
das erste außer dem Fahrer, das ich sah, seit ich den kompakten Teil der Stadt betreten hatte -

and had I been in a steadier mood I would have found nothing whatever of terror in it. 52.3
und wäre ich in einer ruhigeren Stimmung gewesen, hätte ich nichts Schreckliches daran gefunden.

Clearly, as I realized a moment later, it was the pastor; 52.4
Wie ich einen Moment später feststellte, handelte es sich eindeutig um den Pfarrer;

clad in some peculiar vestments doubtless introduced since the Order of Dagon had modified the ritual of the local churches. 52.5
er trug ein seltsames Gewand, das zweifellos eingeführt wurde, seit der Orden von Dagon das Ritual der örtlichen Kirchen verändert hatte.

52.6 The thing which had probably caught my first subconscious glance and supplied the touch of bizarre horror was the tall tiara he wore;
Das, was wahrscheinlich meinen ersten unbewussten Blick gefangen hatte und für den Hauch von bizarrem Schrecken sorgte, war die große Tiara, die er trug;

52.7 an almost exact duplicate of the one Miss Tilton had shown me the previous evening.
ein fast exaktes Duplikat derjenigen, die mir Miss Tilton am Abend zuvor gezeigt hatte.

52.8 This, acting on my imagination, had supplied namelessly sinister qualities to the indeterminate face and robed, shambling form beneath it.
Dieses Diadem, das meine Phantasie anregte, hatte dem unbestimmten Gesicht und der gewandeten, schlurfenden Gestalt darunter namenlose, unheimliche Züge verliehen.

53.1 A very thin sprinkling of repellent-looking youngish people now became visible on the sidewalks — lone individuals, and silent knots of two or three.
Auf den Bürgersteigen wurde nun eine dünne Schicht von abstoßend aussehenden jungen Leuten sichtbar - Einzelpersonen und stille Zweier - oder Dreiergruppen.

53.2 The lower floors of the crumbling houses sometimes harbored small shops with dingy signs, and I noticed a parked truck or two as we rattled along.
In den unteren Stockwerken der bröckelnden Häuser waren manchmal kleine Läden mit schmuddeligen Schildern untergebracht, und ich bemerkte den einen oder anderen geparkten Lastwagen, während wir dahinratterten.

The sound of waterfalls became more and more distinct, and presently I saw a fairly deep river-gorge ahead, spanned by a wide, iron-railed highway bridge beyond which a large square opened out. 53.3
Das Rauschen der Wasserfälle wurde immer deutlicher, und bald sah ich eine ziemlich tiefe Flussschlucht vor uns, die von einer breiten, mit Eisenschienen versehenen Autobahnbrücke überspannt wurde, hinter der sich ein großer Platz auftat.

Then we rolled into the large semicircular square across the river and drew up on the right-hand side in front of a tall, cupola-crowned building with remnants of yellow paint and with a half-effaced sign proclaiming it to be the Gilman House. 53.4
Dann rollten wir in den großen halbrunden Platz auf der anderen Seite des Flusses und hielten auf der rechten Seite vor einem hohen, kuppelgekrönten Gebäude mit Resten von gelber Farbe und einem halb verblassten Schild, das verkündete, es sei das Gilman House.

I was glad to get out of that bus, and at once proceeded to check my valise in the shabby hotel lobby. 54.1
Ich war froh, aus diesem Bus auszusteigen, und machte mich sofort daran, in der schäbigen Hotellobby meinen Koffer zu überprüfen.

There was only one person in sight - 54.2
Es war nur eine einzige Person zu sehen -

an elderly man without what I had come to call the "Innsmouth look" - 54.3
ein älterer Mann ohne das, was ich den "Innsmouth-Look" nannte -

54.4 and I decided not to ask him any of the questions which bothered me;

und ich beschloss, ihm keine der Fragen zu stellen, die mich beschäftigten;

54.5 remembering that odd things had been noticed in this hotel.

ich erinnerte mich daran, dass in diesem Hotel seltsame Dinge aufgefallen waren.

54.6 Instead, I strolled out on the square, from which the bus had already gone, and studied the scene minutely and appraisingly.

Stattdessen schlenderte ich auf den Platz hinaus, von dem der Bus bereits weggefahren war, und betrachtete die Szene eingehend und abschätzend.

55.1 For some reason or other I chose to make my first inquiries at the chain grocery, whose personnel was not likely to be native to Innsmouth.

Aus irgendeinem Grund beschloss ich, meine ersten Erkundigungen bei der Lebensmittelkette einzuziehen, deren Personal wahrscheinlich nicht aus Innsmouth stammte.

55.2 I found a solitary boy of about seventeen in charge, and was pleased to note the brightness and affability which promised cheerful information.

Ich fand einen einsamen Jungen von etwa siebzehn Jahren vor, der das Geschäft leitete, und war erfreut, die Helligkeit und Freundlichkeit zu bemerken, die fröhliche Informationen versprachen.

He seemed exceptionally eager to talk, and I soon gathered that he did not like the place, its fishy smell, or its furtive people. 55.3

Er schien außerordentlich gesprächsfreudig zu sein, und ich fand bald heraus, dass er den Ort, seinen fischigen Geruch und seine verstohlenen Leute nicht mochte.

His family did not like him to work in Innsmouth, but the chain had transferred him there and he did not wish to give up his job. 55.4

Seine Familie wollte nicht, dass er in Innsmouth arbeitete, aber die Kette hatte ihn dorthin versetzt und er wollte seine Arbeit nicht aufgeben.

There was, he said, no public library or chamber of commerce in Innsmouth, but I could probably find my way about. 56.1

Es gebe in Innsmouth weder eine öffentliche Bibliothek noch eine Handelskammer, aber ich würde mich schon zurechtfinden.

The street I had come down was Federal. 56.2

Die Straße, die ich herunterkam, war die Federal Street.

West of that were the fine old residence streets - 56.3

Westlich davon befanden sich die schönen alten Wohnstraßen -

Broad, Washington, Lafayette, and Adams - 56.4

Broad, Washington, Lafayette und Adams -

and east of it were the shoreward slums. 56.5

und östlich davon waren die Slums am Ufer.

Certain spots were almost forbidden territory, 57.1

Bestimmte Orte waren fast verbotenes Gebiet,

57.2 as he had learned at considerable cost.
wie er mit großem Aufwand gelernt hatte.

57.3 One must not, for example, linger much around the Marsh refinery, or around any of the still used churches, or around the pillared Order of Dagon Hall at New Church Green.
Man darf sich zum Beispiel nicht in der Nähe der Marsh-Raffinerie aufhalten oder in der Nähe einer der noch genutzten Kirchen oder der Säulenhalle des Dagon-Ordens in New Church Green.

57.4 Those churches were very odd -
Diese Kirchen waren sehr seltsam -

57.5 all violently disavowed by their respective denominations elsewhere, and apparently using the queerest kind of ceremonials and clerical vestments.
sie wurden von ihren jeweiligen Konfessionen anderswo heftig verleugnet und benutzten offenbar die seltsamsten Zeremonien und klerikalen Gewänder.

58.1 As for the Innsmouth people — the youth hardly knew what to make of them.
Was die Leute aus Innsmouth betraf, so wusste der Junge kaum, was er von ihnen halten sollte.

58.2 Their appearance — especially those staring, unwinking eyes which one never saw shut — was certainly shocking enough — and their voices were disgusting.
Ihr Aussehen - vor allem die starrenden, nicht blinzelnden Augen, die man nie geschlossen sah - war sicherlich schockierend genug, und ihre Stimmen waren widerlich.

It was awful to hear them chanting in their churches at night, and especially during their main festivals or revivals, which fell twice a year on April 30 and October 31. 58.3

Es war schrecklich, sie nachts in ihren Kirchen singen zu hören, vor allem während ihrer Hauptfeste oder Erweckungen, die zweimal im Jahr am 30. April und 31. Oktober stattfanden.

They were very fond of the water, and swam a great deal in both river and harbor. 59.1

Sie waren sehr wasserbegeistert und schwammen viel im Fluss und im Hafen.

Swimming races out to Devil Reef were very common, and everyone in sight seemed well able to share in this arduous sport. 59.2

Schwimmwettkämpfe bis zum Devil Reef waren an der Tagesordnung, und jeder, der in Sichtweite war, schien sich an diesem anstrengenden Sport beteiligen zu können.

It would be of no use, my informant said, to ask the natives anything about the place. 60.1

Es wäre sinnlos, so mein Informant, die Einheimischen nach dem Ort zu fragen.

The only one who would talk was a very aged but normal-looking man who lived at the poorhouse on the north rim of the town and spent his time walking about or lounging around the fire station. 60.2

Der Einzige, der etwas erzählte, war ein sehr alter, aber normal aussehender Mann, der im Armenhaus am Nordrand der Stadt wohnte und seine Zeit damit verbrachte, herumzulaufen oder sich in der Feuerwache aufzuhalten.

60.3 This hoary character, Zadok Allen, was 96 years old and somewhat touched in the head, besides being the town drunkard.

Dieser alte Mann, Zadok Allen, war 96 Jahre alt und nicht nur der Trunkenbold der Stadt, sondern auch etwas verwirrt.

60.4 He was a strange, furtive creature who constantly looked over his shoulder as if afraid of something, and when sober could not be persuaded to talk at all with strangers.

Er war eine seltsame, verstohlene Gestalt, die ständig über die Schulter schaute, als hätte sie Angst vor etwas, und die sich nüchtern nicht dazu bewegen ließ, mit Fremden zu sprechen.

60.5 He was, however, unable to resist any offer of his favorite poison; and once drunk would furnish the most astonishing fragments of whispered reminiscence.

Er konnte jedoch keinem Angebot seines Lieblingsgifts widerstehen, und wenn er einmal betrunken war, erzählte er die erstaunlichsten Bruchstücke geflüsterter Erinnerungen.

61.1 After all, though, little useful data could be gained from him; since his stories were all insane, incomplete hints of impossible marvels and horrors which could have no source save in his own distorted fancy.

Letzten Endes konnte man jedoch wenig nützliche Informationen von ihm erhalten, denn seine Geschichten waren allesamt irrsinnige, unvollständige Andeutungen von unmöglichen Wundern und Schrecken, die nur seiner eigenen verzerrten Phantasie entspringen konnten.

Nobody ever believed him, but the natives did not like him to drink and talk with any strangers; and it was not always safe to be seen questioning him. 61.2
Niemand glaubte ihm jemals, aber die Eingeborenen mochten es nicht, wenn er mit Fremden trank und redete, und es war nicht immer sicher, wenn man ihn ausfragte.

It was probably from him that some of the wildest popular whispers and delusions were derived. 61.3
Wahrscheinlich stammten einige der wildesten Gerüchte und Wahnvorstellungen von ihm.

The Marshes, together with the other three gently bred families of the town - 62.1
Die Marshes und die drei anderen sanftmütigen Familien der Stadt -

the Waites, the Gilmans, and the Eliots - 62.2
die Waites, die Gilmans und die Eliots -

were all very retiring. 62.3
waren alle sehr zurückhaltend.

They lived in immense houses along Washington Street, and several were reputed to harbor in concealment certain kinsfolk whose personal aspect forbade public view, and whose deaths had been reported and recorded. 62.4
Sie lebten in riesigen Häusern entlang der Washington Street, und einigen von ihnen wurde nachgesagt, dass sie im Verborgenen bestimmte Verwandte beherbergten, deren persönliches Aussehen die Öffentlichkeit nicht sehen durfte und deren Tod gemeldet und aufgezeichnet worden war.

63.1 Warning me that most of the street signs were down, the youth drew for my benefit a rough but ample and painstaking sketch map of the town's salient features.

Der Jugendliche wies mich darauf hin, dass die meisten Straßenschilder nicht mehr vorhanden waren, und zeichnete mir eine grobe, aber ausführliche und sorgfältige Kartenskizze der wichtigsten Merkmale der Stadt.

63.2 After a moment's study I felt sure that it would be of great help, and pocketed it with profuse thanks.

Nach kurzem Studium war ich mir sicher, dass sie mir eine große Hilfe sein würde, und steckte sie mit großem Dank ein.

64.1 Thus began my systematic though half-bewildered tour of Innsmouth's narrow, shadow-blighted ways.

So begann mein systematischer, wenn auch halb verwirrter Rundgang durch Innsmouths schmale, schattenreiche Gassen.

64.2 Crossing the bridge and turning toward the roar of the lower falls, I passed close to the Marsh refinery, which seemed oddly free from the noise of industry.

Als ich die Brücke überquerte und mich dem Tosen des unteren Wasserfalls zuwandte, kam ich in der Nähe der Marsh-Raffinerie vorbei, die seltsamerweise frei vom Lärm der Industrie zu sein schien.

This building stood on the steep river bluff near a bridge and an open confluence of streets which I took to be the earliest civic center, displaced after the Revolution by the present Town Square. 64.3

Dieses Gebäude stand auf dem steilen Flussufer in der Nähe einer Brücke und einer offenen Straßeneinmündung, die ich für das früheste städtische Zentrum hielt, das nach der Revolution durch den heutigen Town Square ersetzt wurde.

Re-crossing the gorge on the Main Street bridge, I struck a region of utter desertion which somehow made me shudder. 65.1

Als ich die Schlucht auf der Brücke über die Main Street erneut überquerte, kam ich in eine Gegend völliger Verlassenheit, die mich irgendwie erschaudern ließ.

Collapsing huddles of gambrel roofs formed a jagged and fantastic skyline, above which rose the ghoulish, decapitated steeple of an ancient church. 65.2

Einstürzende Haufen von Giebeldächern bildeten eine zerklüftete und fantastische Silhouette, über der sich der schaurige, enthauptete Turm einer alten Kirche erhob.

Fish Street was as deserted as Main, though it differed in having many brick and stone warehouses still in excellent shape. 66.1

Die Fish Street war ebenso menschenleer wie die Main Street, allerdings mit dem Unterschied, dass hier noch viele Lagerhäuser aus Ziegeln und Stein in gutem Zustand waren.

66.2 Water Street was almost its duplicate, save that there were great seaward gaps where wharves had been.

Die Water Street war fast ein Duplikat davon, nur dass an den Stellen, wo früher die Kais waren, große Lücken waren.

66.3 Not a living thing did I see, except for the scattered fishermen on the distant breakwater, and not a sound did I hear save the lapping of the harbor tides and the roar of the falls in the Manuxet.

Ich sah nichts Lebendiges, abgesehen von den verstreuten Fischern auf der fernen Mole, und ich hörte nichts außer dem Plätschern der Hafengezeiten und dem Rauschen der Wasserfälle des Manuxet.

67.1 I kept north along Main to Martin, then turning inland, crossing Federal Street safely north of the Green, and entering the decayed patrician neighborhood of northern Broad, Washington, Lafayette, and Adams Streets.

Ich hielt mich nördlich entlang der Main Street bis zur Martin Street, bog dann landeinwärts ab, überquerte die Federal Street sicher nördlich des Green und betrat das verfallene Patrizierviertel der nördlichen Broad, Washington, Lafayette und Adams Street.

67.2 Following Washington Street toward the river, I now faced a zone of former industry and commerce;

Als ich der Washington Street in Richtung Fluss folgte, sah ich mich einem Gebiet gegenüber, das früher von Industrie und Handel geprägt war;

noting the ruins of a factory ahead, and seeing others, with the traces of an old railway station and covered railway bridge beyond up the gorge on my right. 67.3

Vor mir lagen die Ruinen einer Fabrik, und rechts von mir sah ich die Spuren eines alten Bahnhofs und einer überdachten Eisenbahnbrücke, die die Schlucht hinaufführten.

The uncertain bridge now before me was posted with a warning sign, but I took the risk and crossed again to the south bank where traces of life reappeared. 68.1

Die unsichere Brücke, die nun vor mir lag, war mit einem Warnschild versehen, aber ich nahm das Risiko auf mich und überquerte sie erneut zum Südufer, wo sich wieder Spuren von Leben zeigten.

Furtive, shambling creatures stared cryptically in my direction, and more normal faces eyed me coldly and curiously. 68.2

Versteckte, watschelnde Kreaturen starrten kryptisch in meine Richtung, und normalere Gesichter beäugten mich kalt und neugierig.

Innsmouth was rapidly becoming intolerable, and I turned down Paine Street toward the Square in the hope of getting some vehicle to take me to Arkham before the still-distant starting time of that sinister bus. 68.3

Innsmouth wurde immer unerträglicher, und ich bog in die Paine Street in Richtung Square ein, in der Hoffnung, ein Fahrzeug zu finden, das mich vor der noch weit entfernten Abfahrtszeit des unheimlichen Busses nach Arkham brachte.

69.1 It was then that I saw the tumbledown fire station on my left, and noticed the red-faced, bushy-bearded, watery-eyed old man in nondescript rags who sat on a bench in front of it talking with a pair of unkempt but not abnormal-looking firemen.

In diesem Moment sah ich die baufällige Feuerwache zu meiner Linken und bemerkte den rotgesichtigen, buschigen, wässrigen alten Mann in unscheinbaren Lumpen, der auf einer Bank davor saß und sich mit ein paar ungepflegten, aber nicht abnormal aussehenden Feuerwehrleuten unterhielt.

69.2 This, of course, must be Zadok Allen, the half-crazed, liquorish non-agenarian whose tales of old Innsmouth and its shadow were so hideous and incredible.

Das musste natürlich Zadok Allen sein, der halbverrückte, alkoholisierte Nicht-Alleskönner, dessen Geschichten über das alte Innsmouth und seine Schatten so abscheulich und unglaublich waren.

— III —

72.1 I had been assured that the old man could do nothing but hint at wild, disjointed, and incredible legends, and I had been warned that the natives made it unsafe to be seen talking with him;

Man hatte mir versichert, dass der alte Mann nur wilde, unzusammenhängende und unglaubliche Legenden erzählen könne, und ich war gewarnt worden, dass die Einheimischen es unsicher machten, mit ihm zu sprechen;

yet the thought of this aged witness to the town's decay, with memories going back to the early days of ships and factories, was a lure that no amount of reason could make me resist. 72.2

doch der Gedanke an diesen alten Zeugen des Verfalls der Stadt, dessen Erinnerungen bis in die Frühzeit der Schiffe und Fabriken zurückreichten, war eine Verlockung, der ich trotz aller Vernunft nicht widerstehen konnte.

Curiosity flared up beyond sense and caution, and in my youthful egotism I fancied I might be able to sift a nucleus of real history from the confused, extravagant outpouring I would probably extract with the aid of whiskey. 72.3

Die Neugier war größer als Vernunft und Vorsicht, und in meinem jugendlichen Egoismus bildete ich mir ein, dass ich aus den wirren, verschwenderischen Ergüssen, die ich wahrscheinlich mit Hilfe von Whiskey herausholen würde, einen Kern echter Geschichte herausfiltern könnte.

A quart bottle of such was easily, though not cheaply, obtained in the rear of a dingy variety-store just off the Square in Eliot Street. 73.1

Eine Quartflasche davon war leicht, wenn auch nicht billig, im hinteren Teil eines schäbigen Varietéladens in der Eliot Street zu bekommen.

74.1 Re-entering the Square I saw that luck was with me; for — shuffling out of Paine Street around the corner of the Gilman House — I glimpsed nothing less than the tall, lean, tattered form of old Zadok Allen himself.

Als ich den Platz wieder betrat, sah ich, dass ich Glück hatte, denn als ich aus der Paine Street um die Ecke des Gilman House kam, erblickte ich nichts Geringeres als die große, hagere, zerlumpte Gestalt des alten Zadok Allen selbst.

74.2 In accordance with my plan, I attracted his attention by brandishing my newly-purchased bottle; and soon realized that he had begun to shuffle wistfully after me as I turned into Waite Street on my way to the most deserted region I could think of.

Gemäß meinem Plan erregte ich seine Aufmerksamkeit, indem ich meine neu gekaufte Flasche schwenkte, und merkte bald, dass er wehmütig hinter mir herschlurfte, als ich in die Waite Street einbog, auf dem Weg in die verlassenste Gegend, die ich mir vorstellen konnte.

74.3 Before I reached Main Street I could hear a faint and wheezy

Bevor ich die Main Street erreichte, hörte ich hinter mir ein schwaches und keuchendes

74.4 "Hey, Mister!" behind me,

"Hey, Mister!" und ich erlaubte dem alten Mann,

74.5 and I presently allowed the old man to catch up and take copious pulls from the quart bottle.

mich einzuholen und ausgiebig an der Flasche zu ziehen.

I began putting out feelers as we walked along to Water Street and turned southward amidst the omnipresent desolation and crazily tilted ruins, but found that the aged tongue did not loosen as quickly as I had expected. 75.1

Ich begann, meine Fühler auszustrecken, während wir die Water Street entlanggingen, und wandte mich inmitten der allgegenwärtigen Trostlosigkeit und der verrückt gewordenen Ruinen nach Süden, musste aber feststellen, dass sich die alte Zunge nicht so schnell löste, wie ich erwartet hatte.

At length I saw a grass-grown opening toward the sea between crumbling brick walls, 75.2

Schließlich sah ich zwischen bröckelnden Ziegelmauern eine grasbewachsene Öffnung zum Meer hin,

with the weedy length of an earth-and-masonry wharf projecting beyond. 75.3

aus der die unkrautbewachsene Länge eines Kai aus Erde und Mauerwerk herausragte.

Piles of moss-covered stones near the water promised tolerable seats, 75.4

Moosbewachsene Steinhaufen in der Nähe des Wassers versprachen erträgliche Sitzgelegenheiten,

and the scene was sheltered from all possible view by a ruined warehouse on the north. 75.5

und ein verfallenes Lagerhaus im Norden schützte die Szenerie vor allen möglichen Blicken.

76.1 About four hours remained for conversation if I were to catch the eight o'clock coach for Arkham, and I began to dole out more liquor to the ancient tippler; meanwhile eating my own frugal lunch.
Mir blieben noch etwa vier Stunden für ein Gespräch, wenn ich die Acht-Uhr-Kutsche nach Arkham erwischen wollte, und ich begann, dem alten Trinker mehr Schnaps zu geben, während ich mein eigenes spärliches Mittagessen aß.

76.2 In my donations I was careful not to overshoot the mark, for I did not wish Zadok's vinous garrulousness to pass into a stupor.
Bei meinen Spenden achtete ich darauf, nicht über das Ziel hinauszuschießen, denn ich wollte nicht, dass Zadoks weinerliche Geschwätzigkeit in einen Stupor überging.

76.3 After an hour his furtive taciturnity showed signs of disappearing, and something or other had caused his wandering gaze to light on the low, distant line of Devil Reef, then showing plainly and almost fascinatingly above the waves.
Nach einer Stunde schien seine heimliche Schweigsamkeit zu verschwinden, und irgendetwas hatte seinen umherschweifenden Blick auf die niedrige, weit entfernte Linie des Teufelsriffs gelenkt, die sich nun deutlich und fast faszinierend über den Wellen abzeichnete.

76.4 He bent toward me, took hold of my coat lapel, and hissed out some hints that could not be mistaken.
Er beugte sich zu mir herüber, ergriff mein Jackenrevers und zischte mir einige nicht zu überhörende Hinweise zu.

77.1 "Thar's whar it all begun -
"Dort ist es, wo alles begann -

that cursed place of all wickedness whar the deep 77.2
water starts.
der verfluchte Ort aller Schlechtigkeit, wo das tiefe Wasser beginnt.

Gate o' hell - 77.3
Das Tor zur Hölle -

sheer drop daown to a bottom no saoundin'-line kin 77.4
tech.
ein schieres Gefälle bis zu einem Grund, den keine Schallschnur ertasten kann.

Ol' Cap'n Obed done it - 77.5
Der alte Käpt'n Obed hat's getan -

him that faound aout more'n was good fer him in 77.6
the Saouth Sea islands.
er, der auf den Südseeinseln mehr gefunden hat, als gut für ihn war.

"Never was nobody like Cap'n Obed - 78.1
"Es gab nie jemanden wie Kapitän Obed -

old limb o' Satan! Heh, heh! 78.2
ein altes Glied des Satans! Heh, heh!

I kin mind him a-tellin' abaout furren parts, an' 78.3
callin' all the folks stupid fer goin' to Christian meetin' an' bearin' their burdens meek an' lowly.
Ich erinnere mich, wie er von den Furren erzählte und alle Leute dumm nannte, weil sie zu christlichen Versammlungen gingen und ihre Lasten sanftmütig und bescheiden trugen.

78.4 Says they'd orter git better gods like some o' the folks in the Injies -

Er sagt, sie sollten sich lieber bessere Götter suchen, wie die Leute auf den Injuries -

78.5 gods as ud bring 'em good fishin' in return fer their sacrifices,

Götter,

78.6 an' ud reely answer folks's prayers.

die ihnen im Gegenzug für ihre Opfer guten Fisch bringen und die Gebete der Leute wirklich erhören würden.

79.1 "Matt Eliot, his fust mate, talked a lot, too, only he was agin' folks's doin' any heathen things.

"Matt Eliot, sein erster Offizier, redete auch viel, aber er war gegen heidnische Aktivitäten.

79.2 Told abaout an island east of Othaheite whar they was a lot o' stone ruins older'n anybody knew anything abaout, kind o' like them on Ponape, in the Carolines, but with carvin's of faces that looked like the big statues on Easter Island.

Er erzählte von einer Insel östlich von Othaheite, auf der es eine Menge Steinruinen gab, die älter waren als alle, die etwas darüber wussten, so ähnlich wie die auf Ponape in den Karolinen, aber mit geschnitzten Gesichtern, die wie die großen Statuen auf der Osterinsel aussahen.

79.3 They was a little volcanic island near thar, too, whar they was other ruins with diff'rent carvin's -

In der Nähe befand sich auch eine kleine Vulkaninsel, auf der noch andere Ruinen standen, die ganz anders aussahen -

ruins all wore away like they'd ben under the sea onct, an' with picters of awful monsters all over 'em. 79.4
Ruinen, die so abgenutzt waren, als wären sie unter dem Meer gewesen, und auf denen überall Bilder von schrecklichen Ungeheuern zu sehen waren.

"Wal, Sir, Matt he says the natives araound thar had all the fish they cud ketch, an' sported bracelets an' armlets an' head rigs made aout of a queer kind o' gold an' covered with picters o' monsters jest like the ones carved over the ruins on the little island - 80.1
"Wal, Sir, Matt, er sagt, die Eingeborenen in der Gegend hatten alle Fische, die sie holen konnten, und trugen Armbänder und Armreifen und Kopfbedeckungen aus einer seltsamen Art von Gold, die mit Bildern von Ungeheuern bedeckt waren, genau wie die, die über die Ruinen auf der kleinen Insel gemeißelt waren -

sorter fishlike frogs or froglike fishes that was drawed in all kinds o' positions like they was human bein's. 80.2
fischähnliche Frösche oder froschähnliche Fische, die in allen möglichen Positionen gezeichnet waren, als wären sie Menschen.

Nobody cud git aout o' them whar they got all the stuff, an' all the other natives wondered haow they managed to find fish in plenty even when the very next islands had lean pickin's. 80.3
Niemand konnte ihnen entlocken, woher sie das ganze Zeug hatten, und alle anderen Eingeborenen fragten sich, wie sie es schafften, Fische in Hülle und Fülle zu finden, obwohl es auf den Nachbarinseln nur magere Beute gab.

Matt he got to wonderin' too, an' so did Cap'n Obed. 80.4
Matt hat sich auch gewundert, und Kapitän Obed auch.

80.5 Obed, he notices, besides, that lots of the han'some young folks ud drop aout o' sight fer good from year to year, an' that they wan't many old folk araound.
Obed ist außerdem aufgefallen, dass viele der jungen Leute von Jahr zu Jahr aus den Augen verloren werden und dass es nicht viele alte Leute gibt.

80.6 Also,
Außerdem findet er,

80.7 he thinks some of the folks looks durned queer even fer Kanakys.
dass einige der Leute selbst für Kanakys verdammt seltsam aussehen.

81.1 "It took Obed to git the truth aout o' them heathens.
"Es brauchte Obed, um die Wahrheit aus diesen Heiden herauszuholen.

81.2 I dun't know haow he done it, but he begun by tradin' fer the gold-like things they wore.
Ich weiß nicht, wie er es gemacht hat, aber er begann damit, dass er die goldähnlichen Dinge, die sie trugen, eintauschte.

81.3 Ast 'em whar they come from, an' ef they cud git more, an' finally wormed the story aout o' the old chief -
Er fragte sie, woher sie kamen und ob sie noch mehr bekommen konnten, und schließlich brachte er die Geschichte über den alten Häuptling heraus -

81.4 Walakea, they called him.
Walakea, wie sie ihn nannten.

Nobody but Obed ud ever a believed the old yeller devil, but the Cap'n cud read folks like they was books. 81.5
Niemand außer Obed hätte dem alten Schreihals jemals geglaubt, aber der Kapitän konnte die Leute lesen, als wären sie Bücher.

Heh, heh! 81.6
Heh, heh!

Nobody never believes me naow when I tell 'em, an I dun't s'pose you will, young feller - 81.7
Niemand glaubt mir jetzt noch, wenn ich es erzähle, und ich glaube nicht, dass du es tun wirst, junger Mann -

though come to look at ye, ye hev kind o' got them sharp-readin' eyes like Obed had." 81.8
obwohl, wenn ich dich so ansehe, hast du die gleichen scharfsichtigen Augen wie Obed."

The old man's whisper grew fainter, and I found myself shuddering at the terrible and sincere portentousness of his intonation, even though I knew his tale could be nothing but drunken phantasy. 82.1
Das Flüstern des alten Mannes wurde leiser, und ich erschauderte angesichts der schrecklichen und aufrichtigen Bedeutung seines Tons, obwohl ich wusste, dass seine Geschichte nichts anderes als eine betrunkene Fantasie sein konnte.

"Wal, Sir, Obed he larnt that they's things on this arth as most folks never heard abaout - 83.1
"Wal, Sir, Obed hat erzählt, dass es auf dieser Insel Dinge gibt, von denen die meisten Leute noch nie gehört haben -

83.2 an' wouldn't believe ef they did hear.
und die sie auch nicht glauben würden, wenn sie sie hören würden.

83.3 It seems these Kanakys was sacrificin' heaps o' their young men an' maidens to some kind o' god-things that lived under the sea, an' gittin' all kinds o' favors in return.
Es scheint, dass diese Kanakys haufenweise ihre jungen Männer und Mädchen einer Art Gottheit opferten, die unter dem Meer lebte, und dafür alle möglichen Gunstbezeugungen erhielten.

83.4 They met the things on the little islet with the queer ruins, an' it seems them awful picters o' frog-fish monsters was supposed to be picters o' these things.
Sie trafen die Dinger auf der kleinen Insel mit den seltsamen Ruinen, und es scheint, dass die schrecklichen Bilder von Froschfischmonstern Bilder von diesen Dingern sein sollten.

83.5 Mebbe they was the kind o' critters as got all the mermaids stories an' sech started.
Vielleicht waren das die Viecher, die die ganzen Geschichten über Meerjungfrauen und dergleichen ins Rollen gebracht haben.

83.6 They had all kinds o' cities on the sea-bottom,
Sie hatten alle möglichen Städte auf dem Meeresgrund,

83.7 an' this island was heaved up from thar.
und diese Insel wurde von dort hochgezogen.

Seems they was some of the things alive in the stone buildin's when the island come up sudden to the surface. 83.8
Es sieht so aus, als ob einige von ihnen in den Steingebäuden lebten, als die Insel plötzlich an die Oberfläche kam.

That's haow the Kanakys got wind they was daown thar. 83.9
So bekamen die Kanakys Wind davon, dass sie da unten waren.

Made sign-talk as soon as they got over bein' skeert, an' pieced up a bargain afore long. 83.10
Sobald sie ihre Skepsis überwunden hatten, machten sie ein Zeichen, und es dauerte nicht lange, bis sie ein Geschäft gemacht hatten.

"Them things liked human sacrifices. 84.1
"Diese Dinger mögen Menschenopfer.

Had had 'em ages afore, 84.2
Sie hatten sie schon vor langer Zeit,

but lost track o' the upper world arter a time. 84.3
aber irgendwann verloren sie den Überblick über die Oberwelt.

What they done to the victims it ain't fer me to say, an' I guess Obed wa'n't none too sharp abaout askin'. 84.4
Was sie mit den Opfern anstellten, kann ich nicht sagen, und ich glaube, Obed war nicht allzu scharf darauf, danach zu fragen.

But it was all right with the heathens, 84.5
Aber den Heiden war es recht,

84.6 because they'd ben havin' a hard time an' was desp'rate abaout everything.
denn sie hatten eine schwere Zeit hinter sich und waren verzweifelt über alles.

84.7 They give a sarten number o' young folks to the sea-things twict every year — May-Eve an' Hallowe'en — reg'lar as cud be.
Zweimal im Jahr, am Maifeiertag und an Halloween, schenken sie eine große Anzahl junger Leute den Meerestieren, so gut es geht.

84.8 Also give some o' the carved knick-knacks they made.
Sie geben auch einige der geschnitzten Gegenstände, die sie hergestellt haben.

84.9 What the things agreed to give in return was a plenty o' fish -
Was die Dinger als Gegenleistung zu geben bereit waren, war eine Menge Fisch -

84.10 they druv 'em in from all over the sea -
sie schleppten ihn von überall aus dem Meer heran -

84.11 an' a few gold-like things naow an' then.
und ein paar goldähnliche Dinge von Zeit zu Zeit.

85.1 "When it come to matin' with them toad-lookin' fishes, the Kanakys kind o' balked, but finally they larnt something as put a new face on the matter.
"Als es darum ging, sich mit den krötenähnlichen Fischen zu paaren, sträubten sich die Kanakys ein wenig, aber schließlich lernten sie etwas, das der Sache ein neues Gesicht gab.

Seems that human folks has got a kind o' relation to sech water- beasts - 85.2
Anscheinend sind die Menschen mit den Wassertieren verwandt -

that everything alive come aout o' the water onct, 85.3
alles Lebendige kommt direkt aus dem Wasser und braucht nur eine kleine Veränderung,

an' only needs a little change to go back agin. 85.4
um wieder zurückzukehren.

Them things told the Kanakys that ef they mixed bloods there'd be children as ud look human at fust, but later turn more'n more like the things, till finally they'd take to the water an' jine the main lot o' things daown thar. 85.5
Diese Dinger sagten den Kanakys, dass, wenn sie Blut mischten, sie Kinder bekämen, die anfangs wie Menschen aussähen, später aber immer mehr wie die Dinger würden, bis sie schließlich ins Wasser gingen und mit den meisten Dingen dort unten verschmolzen.

An' this is the important part, young feller — them as turned into fish things an' went into the water wouldn't never die. 85.6
Und das ist das Wichtigste, junger Mann: Diejenigen, die sich in Fischwesen verwandelten und ins Wasser gingen, starben nie.

Them things never died excep' they was kilt violent. 85.7
Die Dinger starben nie, außer sie wurden gewaltsam umgebracht.

86.1 "Wal, Sir, it seems by the time Obed knowed them islanders they was all full o' fish blood from them deep-water things.

"Wal, Sir, als Obed die Inselbewohner kennenlernte, waren sie alle voller Fischblut von den Tiefseedingern.

86.2 When they got old an' begun to show it, they was kep' hid until they felt like takin' to the water an' quittin' the place.

Wenn sie alt wurden und es zu zeigen begannen, wurden sie versteckt gehalten, bis sie Lust hatten, ins Wasser zu gehen und den Ort zu verlassen.

86.3 Some was more teched than others, an' some never did change quite enough to take to the water;

Manche waren geübter als andere, und manche veränderten sich nie genug, um ins Wasser zu gehen;

86.4 but mostly they turned aout jest the way them things said.

aber meistens wurden sie so, wie es in den Büchern stand.

86.5 Them as was born more like the things changed arly, but them as was nearly human sometimes stayed on the island till they was past seventy, though they'd usually go daown under fer trial trips afore that.

Diejenigen, die eher wie die Dinger geboren wurden, veränderten sich früh, aber die, die fast menschlich waren, blieben manchmal auf der Insel, bis sie über siebzig waren, obwohl sie normalerweise vorher auf Probefahrten unter Wasser gingen.

Folks as had took to the water, gen'rally come back a good deal to visit, so's a man ud often be a-talkin' to his own five-times-great-grandfather, who'd left the dry land a couple o' hundred years or so afore. 86.6
Die Leute, die auf dem Wasser lebten, kamen oft zurück, um uns zu besuchen, so dass ein Mann oft mit seinem eigenen Fünf-Ur-Großvater sprach, der das Festland vor ein paar hundert Jahren oder so verlassen hatte.

"Everybody got aout o' the idee o' dyin' - 87.1
"Jeder hatte keine Lust mehr zu sterben -

excep' in canoe wars with the other islanders, or as sacrifices to the sea-gods daown below, or from snake-bite or plague or sharp gallopin' ailments or somethin' afore they cud take to the water - 87.2
außer in Kanukriegen mit den anderen Inselbewohnern oder als Opfer für die Meeresgötter da unten oder durch Schlangenbisse oder Pest oder scharfe Galoppkrankheiten oder irgendetwas anderes, bevor sie sich aufs Wasser wagen konnten -

but simply looked forrad to a kind o' change that wa'n't a bit horrible arter a while. 87.3
aber sie hofften einfach auf eine Veränderung, die nach einer Weile nicht mehr so schrecklich war.

They thought what they'd got was well wuth all they'd had to give up - 87.4
Sie waren der Meinung, dass das, was sie bekommen hatten, gut war, nach allem, was sie hatten aufgeben müssen -

87.5 an' I guess Obed kind o' come to think the same hisself when he'd chewed over old Walakea's story a bit.

und ich glaube, Obed hat das auch so gesehen, nachdem er ein bisschen über die Geschichte des alten Walakea nachgedacht hatte.

87.6 Walakea, though, was one of the few as hadn't got none of the fish blood -

Walakea war allerdings einer der wenigen, die kein Fischblut hatten -

87.7 bein' of a royal line that intermarried with royal lines on other islands.

er stammte aus einer königlichen Linie, die sich mit königlichen Linien auf anderen Inseln vermischt hatte.

88.1 "Walakea give him a funny kind o' thingumajig made aout o' lead or something, that he said ud bring up the fish things from any place in the water whar they might be a nest of 'em.

"Walakea gab ihm ein komisches Ding aus Blei oder so, das, wie er sagte, die Fischdinger von jedem Ort im Wasser heraufholen würde, an dem sich ein Nest von ihnen befinden könnte.

88.2 The idee was to drop it daown with the right kind o' prayers an' sech.

Die Idee war, es mit der richtigen Art von Gebeten und so weiter hinunter zu werfen.

Walakea allaowed as was the things was scattered all over the world, so's anybody that looked abaout cud find a nest an' bring 'em up ef they was wanted. 88.3
Walakea erlaubte, dass die Dinger über die ganze Welt verstreut waren, so dass jeder, der sich umsah, ein Nest finden und sie heraufholen konnte, wenn sie gebraucht wurden.

"Matt he didn't like this business at all, an' wanted Obed shud keep away from the island; 89.1
"Matt gefiel dieses Geschäft überhaupt nicht, und er wollte, dass Obed sich von der Insel fernhielt;

but the Cap'n was sharp fer gain, an' faound he cud git them gold-like things so cheap it ud pay him to make a specialty of 'em. 89.2
aber der Kapitän war scharf auf Gewinn, und er fand, dass er diese goldähnlichen Dinge so billig bekommen konnte, dass es sich lohnte, eine Spezialität daraus zu machen.

"Things went on that way fer years, an' Obed got enough o' that gold-like stuff to make him start the refinery in Waite's old run-daown fullin' mill. 90.1
"So ging es jahrelang, und Obed bekam genug von dem goldähnlichen Zeug, um eine Raffinerie in der alten, heruntergekommenen Waite's Fullin's Mill zu eröffnen.

"Wall, come abaout 'thutty- eight - 91.1
"Wall, so um achtunddreißig herum -

when I was seven year' old - 91.2
da war ich sieben Jahre alt -

91.3 Obed he faound the island people all wiped aout between v'yages.
fand er die Inselbewohner zwischen den Jahren völlig ausgelöscht.

91.4 Seems the other islanders had got wind o' what was goin' on, an' had took matters into their own hands.
Anscheinend hatten die anderen Inselbewohner Wind davon bekommen, was los war, und die Sache selbst in die Hand genommen.

91.5 S'pose they must a had, arter all, them old magic signs as the sea things says was the only things they was afeard of.
Sie müssen wohl die alten magischen Zeichen gehabt haben, von denen die Meeresbewohner sagen, dass sie das Einzige waren, wovor sie sich fürchteten.

91.6 No tellin' what any o' them Kanakys will chance to git a holt of when the sea-bottom throws up some island with ruins older'n the deluge.
Wer weiß, was die Kanakys zu fassen kriegen, wenn der Meeresgrund eine Insel mit Ruinen aufwirft, die älter sind als die Sintflut.

91.7 Pious cusses, these was -
Fromme Kerle waren das -

91.8 they didn't leave nothin' standin' on either the main island or the little volcanic islet excep' what parts of the ruins was too big to knock daown.
sie ließen weder auf der Hauptinsel noch auf dem kleinen vulkanischen Eiland irgendetwas stehen, außer den Teilen der Ruinen, die zu groß waren, um sie abzureißen.

92.1 "That naturally hit Obed pretty hard,
"Das traf Obed natürlich ziemlich hart,

seein' as his normal trade was doin' very poor. 92.2
da sein normales Gewerbe sehr schlecht lief.

It hit the whole of Innsmouth, too, because in 92.3
seafarin' days what profited the master of a ship gen'lly profited the crew proportionate.
Es traf auch ganz Innsmouth, denn was dem Kapitän eines Schiffes zugute kam, kam in der Seefahrt in der Regel auch der Mannschaft zugute.

Most o' the folks araound the taown took the hard 92.4
times kind o' sheeplike an' resigned, but they was in bad shape because the fishin' was peterin' aout an' the mills wa'n't doin' none too well.
Die meisten Leute in der Umgebung der Stadt nahmen die harten Zeiten wie Schafe hin und resignierten, aber sie waren in schlechter Verfassung, weil der Fischfang versiegte und die Mühlen nicht allzu gut liefen.

"Then's the time Obed he begun a-cursin' at the folks 93.1
fer bein' dull sheep an' prayin' to a Christian heaven as didn't help 'em none.
"Da fing Obed an, die Leute zu verfluchen, weil sie dumme Schafe waren und zu einem christlichen Himmel beteten, der ihnen nicht half.

He told 'em he'd knowed of folks as prayed to gods 93.2
that give somethin' ye reely need, an' says ef a good bunch o' men ud stand by him, he cud mebbe git a holt o' sarten paowers as ud bring plenty o' fish an' quite a bit o' gold."
Er erzählte ihnen, er kenne Leute, die zu Göttern beteten, die einem etwas geben, was man wirklich braucht, und er sagte, wenn ein guter Haufen Männer ihm beistehen würde, könnte er vielleicht eine Ladung von Seepferdchen bekommen, die viel Fisch und ein bisschen Gold bringen würde."

94.1 Here the old man faltered, mumbled, and lapsed into a moody and apprehensive silence;
Hier stockte der alte Mann, murmelte und verfiel in ein mürrisches und ängstliches Schweigen;

94.2 glancing nervously over his shoulder and then turning back to stare fascinatedly at the distant black reef.
er warf einen nervösen Blick über seine Schulter und drehte sich dann wieder um, um fasziniert auf das ferne schwarze Riff zu starren.

94.3 When I spoke to him he did not answer, so I knew I would have to let him finish the bottle.
Als ich ihn ansprach, antwortete er nicht, und so wusste ich, dass ich ihn die Flasche austrinken lassen musste.

94.4 He licked its nose and slipped it into his pocket,
Er leckte die Nase ab und steckte sie in seine Tasche,

94.5 then beginning to nod and whisper softly to himself.
dann begann er zu nicken und leise vor sich hin zu flüstern.

94.6 I bent close to catch any articulate words he might utter, and thought I saw a sardonic smile behind the stained, bushy whiskers.
Ich beugte mich nahe heran, um die Worte aufzufangen, die er sagen würde, und glaubte, hinter dem fleckigen, buschigen Bart ein sardonisches Lächeln zu sehen.

94.7 Yes — he was really forming words, and I could grasp a fair proportion of them.
Ja, er formte wirklich Worte, und ich konnte einen guten Teil davon verstehen.

"Poor Matt — Matt he allus was agin it — tried to line up the folks on his side, an' had long talks with the preachers — no use — they run the Congregational parson aout o' taown, an' the Methodist feller quit — never did see Resolved Babcock, the Baptist parson, agin — Wrath o' Jehovy — I was a mighty little critter, but I heerd what I heerd an' seen what I seen — Dagon an' Ashtoreth — Belial an' Beëlzebub — Golden Caff an' the idols o' Canaan an' the Philistines — Babylonish abominations — Mene, mene, tekel, upharsin — " 95.1

"Der arme Matt - er war ganz und gar dagegen - versuchte, die Leute auf seine Seite zu ziehen, und führte lange Gespräche mit den Predigern - es nützte nichts - sie verjagten den Kongregationspfarrer aus der Stadt, und der Methodistenpfarrer kündigte - ich sah nie Resolved Babcock, den Baptistenpfarrer, Ich war ein kleiner Kerl, aber ich hörte, was ich hörte, und sah, was ich sah - Dagon und Aschtoreth - Belial und Beëlzebub - Goldenes Kaff und die Götzen Kanaans und der Philister - Babylonische Abscheulichkeiten - Mene, Mene, Tekel, Upharsin -"

He stopped again, and from the look in his watery blue eyes I feared he was close to a stupor after all. 96.1

Er hielt wieder inne, und der Ausdruck seiner wässrigen blauen Augen ließ mich befürchten, dass er doch kurz vor einem Stupor stand.

But when I gently shook his shoulder he turned on me with astonishing alertness and snapped out some more obscure phrases. 96.2

Doch als ich ihn sanft an der Schulter rüttelte, drehte er sich mit erstaunlicher Wachsamkeit zu mir um und stieß einige weitere obskure Sätze aus.

"Dun't believe me, hey? 97.1

"Du glaubst mir nicht, was?

97.2 Heh, heh, heh — then just tell me, young feller, why Cap'n Obed an' twenty odd other folks used to row aout to Devil Reef in the dead o' night an' chant things so laoud ye cud hear 'em all over taown when the wind was right?
Dann sag mir, junger Mann, warum Kapitän Obed und zwanzig andere Leute mitten in der Nacht zum Teufelsriff ruderten und so laut sangen, dass man sie bei günstigem Wind bis nach unten hören konnte?

97.3 Tell me that, hey?
Erzählen Sie mir das mal, ja?

97.4 An' tell me why Obed was allus droppin' heavy things daown into the deep water t'other side o' the reef whar the bottom shoots daown like a cliff lower'n ye kin saound?
Und sag mir, warum Obed immer schwere Sachen in das tiefe Wasser auf der anderen Seite des Riffs fallen ließ, wo der Grund wie eine Klippe tiefer hinunterschießt, als du es sehen kannst?

97.5 Tell me what he done with that funny-shaped lead thingumajig as Walakea give him?
Was hat er mit dem komischen Bleidingsbums gemacht, das Walakea ihm gegeben hat?

97.6 Hey, boy?"
He, Junge?"

98.1 The watery blue eyes were almost savage and maniacal now,
Die wässrigen blauen Augen waren jetzt fast wild und wahnsinnig,

98.2 and the dirty white beard bristled electrically.
und der schmutzige weiße Bart stand unter Strom.

Old Zadok probably saw me shrink back, for he began to cackle evilly. 98.3
Der alte Zadok sah wohl, dass ich zurückwich, denn er begann böse zu gackern.

"Heh, heh, heh, heh! Beginnin' to see, hey? 99.1
"Ha, ha, ha, ha! Du fängst an zu sehen, was?

Haow abaout the night I took my pa's ship's glass up to a cupalo an' seed the reef a-bristlin' thick with shapes that dove off quick soon's the moon riz? 99.2
Wie war das noch, als ich mit dem Schiffsglas meines Vaters auf einen Cupalo stieg und das Riff mit Gestalten übersäte, die bei Mondaufgang schnell abtauchten?

Obed an' the folks was in a dory, but them shapes dove off the far side into the deep water an' never come up ...Haow'd ye like to be a little shaver alone up in a cupalo a-watchin' shapes as wa'n't human shapes? ... 99.3
Obed und seine Leute waren in einem Boot, aber die Gestalten tauchten auf der anderen Seite ins tiefe Wasser und kamen nie wieder zurück ...Wie würde es dir gefallen, ein kleiner Rasierapparat zu sein, der allein in einem Cupalo sitzt und Gestalten beobachtet, die keine menschlichen Gestalten sind? ...

Hey? ...Heh, heh, heh, heh ..." 99.4
He? ...Ha, ha, ha, ha ..."

The old man was getting hysterical, 101.1
Der alte Mann wurde hysterisch,

101.2 and I began to shiver with a nameless alarm.
und ich begann vor einem namenlosen Schrecken zu zittern.

101.3 He laid a gnarled claw on my shoulder, and it seemed to me that its shaking was not altogether that of mirth.
Er legte mir eine knorrige Klaue auf die Schulter, und es schien mir, als ob das Zittern nicht nur aus Freude herrührte.

102.1 "S'pose one night ye seed somethin' heavy heaved offen Obed's dory beyond the reef, an' then larned nex' day a young feller was missin' from home?
"Stell dir vor, eines Nachts sahst du, wie etwas Schweres von Obeds Boot jenseits des Riffs abgeworfen wurde, und am nächsten Tag erfuhr ich, dass ein junger Mann von zu Hause verschwunden war?

102.2 Hey? Did anybody ever see hide or hair o' Hiram Gilman agin?
Na? Hat jemand Hiram Gilman je wieder gesehen?

102.3 Did they?
Hat man das?

102.4 An' Nick Pierce, an' Luelly Waite, an' Adoniram Saouthwick, an' Henry Garrison?
Und Nick Pierce, Luelly Waite, Adoniram Saouthwick und Henry Garrison?

102.5 Hey? Heh, heh …
He? Heh, heh …

"Wal, Sir, that was the time Obed begun to git on his feet agin. 103.1
"Wal, Sir, das war der Zeitpunkt, als Obed wieder auf die Beine kam.

Folks see his three darters a-wearin' gold-like things as nobody'd never see on 'em afore, an' smoke started comin' aout o' the refin'ry chimbly. 103.2
Die Leute sahen, wie seine drei Darter goldene Sachen trugen, wie man sie noch nie zuvor gesehen hatte, und Rauch stieg aus dem Schornstein der Raffinerie auf.

Other folks was prosp'rin', too - 103.3
Auch andere Leute hatten Erfolg -

fish began to swarm into the harbor fit to kill, an' heaven knows what sized cargoes we begun to ship aout to Newb'ryport, Arkham, an' Boston. 103.4
die Fische kamen in Scharen in den Hafen, und der Himmel weiß, wie groß die Ladungen waren, die wir nach Newb'ryport, Arkham und Boston verschifften.

'Twas then Obed got the ol' branch railrud put through. 103.5
Dann ließ Obed die alte Astschere durchsetzen.

"Remember, I ain't sayin' Obed was set on hevin' things jest like they was on that Kanaky isle. 104.1
"Denk dran, ich sage nicht, dass Obed wollte nicht alles so machen, wie es auf der Insel Kanaky war.

I dun't think he aimed at fust to do no mixin', nor raise no young-uns to take to the water an' turn into fishes with etarnal life. 104.2
Ich glaube nicht, dass er zuerst darauf aus war, etwas zu mischen oder junge Leute aufzuziehen, die ins Wasser gehen und sich in Fische mit ewigem Leben verwandeln.

104.3 He wanted them gold things, an' was willin' to pay heavy, an' I guess the others was satisfied fer a while ...

Er wollte die goldenen Dinger und war bereit, viel dafür zu bezahlen, und ich schätze, die anderen waren für eine Weile zufrieden: ...

105.1 "Come in 'forty-six the taown done some lookin' an' thinkin' fer itself.

"In den Sechsundvierzigern hat sich die Stadt etwas umgesehen und nachgedacht.

105.2 Too many folks missin' -

Zu viele Leute fehlten -

105.3 too much wild preachin' at meetin' of a Sunday -

zu viele wilde Predigten bei einem Sonntagstreffen -

105.4 too much talk abaout that reef.

zu viel Gerede über das Riff.

105.5 I guess I done a bit by tellin' Selectman Mowry what I see from the cupalo.

Ich glaube, ich habe etwas getan, indem ich dem Abgeordneten Mowry erzählt habe, was ich vom Cupalo aus sehe.

105.6 They was a party one night as follered Obed's craowd aout to the reef, an' I heerd shots betwixt the dories.

Eines Abends gab es eine Gruppe, die Obeds Kahn zum Riff folgte, und ich hörte Schüsse zwischen den Booten.

Nex' day Obed an' thutty-two others was in jail, with everybody a-wonderin' jest what was afoot an' jest what charge agin 'em cud be got to holt. 105.7
Am nächsten Tag saßen Obed und zweiunddreißig andere im Gefängnis, und alle fragten sich, was los sei und welche Anklage man gegen sie erheben könne.

God, ef anybody'd looked ahead ... 105.8
Gott, wenn jemand vorausgeschaut hätte ...

a couple o' weeks later, 105.9
ein paar Wochen später,

when nothin' had ben throwed into the sea fer that long ..." 105.10
als noch nichts ins Meer geworfen worden war für diese lange ..."

Zadok was showing signs of fright and exhaustion, and I let him keep silence for a while, though glancing apprehensively at my watch. 106.1
Zadok zeigte Anzeichen von Angst und Erschöpfung, und ich ließ ihn eine Weile schweigen, wobei ich besorgt auf meine Uhr schaute.

The tide had turned and was coming in now, 106.2
Die Flut hatte sich gewendet und kam nun herein,

and the sound of the waves seemed to arouse him. 106.3
und das Rauschen der Wellen schien ihn zu wecken.

"That awful night ...I seed 'em ...I was up in the cupalo ... 107.1
"That awful night ...I seed 'em ...Ich war oben im Cupalo ...

107.2 hordes of 'em ...swarms of 'em ...
Horden von ihnen ...Schwärme von ihnen ...

107.3 all over the reef an' swimmin' up the harbor into the Manuxet ...God,
überall auf dem Riff und sie schwammen den Hafen hinauf in den Manuxet ...Gott,

107.4 what happened in the streets of Innsmouth that night ...
was in dieser Nacht in den Straßen von Innsmouth geschah ...

107.5 they rattled our door, but pa wouldn't open ...
sie rüttelten an unserer Tür, aber Papa wollte nicht öffnen ...

107.6 then he clumb aout the kitchen winder with his musket to find Selectman Mowry an' see what he cud do ...Maounds o' the dead an' the dyin' ...
dann kroch er mit seiner Muskete aus der Küchenwand, um Selectman Mowry zu finden und zu sehen, was er tun kann ...Haufenweise Tote und Sterbende ...

107.7 shots an' screams ...
Schüsse und Schreie ...

107.8 shaoutin' in Ol' Squar an' Taown Squar an' New Church Green ...
Schreie in Ol' Squar und Taown Squar und New Church Green ...

107.9 jail throwed open ...proclamation ...treason ...
Gefängnis geöffnet ...Proklamation ...Verrat ...

called it the plague when folks come in an' faound haff our people missin' ... 107.10
nannte es die Pest, als die Leute kamen und unsere Leute vermissten ...

nobody left but them as ud jine in with Obed an' them things or else keep quiet ... 107.11
niemand war mehr übrig, außer denen, die mit Obed und den anderen reinkamen oder sich still verhielten ...

never heerd o' my pa no more ..." 107.12
habe nie mehr etwas von meinem Pa gehört ..."

The old man was panting, and perspiring profusely. 108.1
Der alte Mann keuchte und schwitzte stark.

His grip on my shoulder tightened. 108.2
Sein Griff um meine Schulter wurde fester.

"Everything cleaned up in the mornin' - 109.1
"Alles war am Morgen aufgeräumt -

but they was traces ...Obed he kinder takes charge an' says things is goin' to be changed ... 109.2
aber sie waren Spuren ...Obed übernimmt das Kommando und sagt, dass sich die Dinge ändern werden ...

others'll worship with us at meetin'-time, 109.3
andere werden zur Versammlungszeit mit uns beten,

an' sarten haouses hez got to entertain guests ... 109.4
und in den Häusern sollen sie Gäste bewirten ...

109.5 they wanted to mix like they done with the Kanakys, an' he fer one didn't feel baound to stop 'em.
sie wollten sich mischen, wie sie es mit den Kanakys getan hatten, und er fühlte sich nicht dazu berufen, sie aufzuhalten.

109.6 Far gone,
Obed war völlig außer sich,

109.7 was Obed ...jest like a crazy man on the subjeck.
wie ein Verrückter auf dem Unterdeck.

109.8 He says they brung us fish an' treasure, an' shud hev what they hankered arter ...
Er sagte, sie hätten uns Fische und Schätze mitgebracht und sollten bekommen, was sie sich wünschten ...

110.1 "Nothin' was to be diff'runt on the aoutside, only we was to keep shy o' strangers ef we knowed what was good fer us.
"Draußen sollte es keine Unterschiede geben, nur sollten wir uns von Fremden fernhalten, wenn wir wussten, was gut für uns war.

110.2 We all hed to take the Oath o' Dagon, an' later on they was secon' an' third Oaths that some of us took.
Wir mussten alle den Eid des Dagon ablegen, und später gab es noch einen zweiten und dritten Eid, den einige von uns ablegten.

110.3 Them as ud help special, ud git special rewards -
Diejenigen, die besonders helfen wollten, bekamen besondere Belohnungen -

110.4 gold an' sech.
Gold und so weiter.

No use balkin', fer they was millions of 'em daown thar. 110.5
Es hatte keinen Sinn, sich zu wehren, denn es gab Millionen von ihnen da unten.

They'd ruther not start risin' an' wipin' aout humankind, but ef they was gave away an' forced to, they cud do a lot toward jest that. 110.6
Sie würden sich lieber nicht erheben und die Menschheit auslöschen, aber wenn man sie weggeben und dazu zwingen würde, könnten sie eine Menge dafür tun.

"Yield up enough sacrifices an' savage knick-knacks an' harborage in the taown when they wanted it, an' they'd let well enough alone. 111.1
"Gebt genug Opfer und wilden Schnickschnack und Unterschlupf in der Taown, wenn sie es wollen, und sie werden es gut sein lassen.

All in the band of the faithful — Order o' Dagon — an' the children shud never die, but go back to the Mother Hydra an' Father Dagon what we all come from onct — Iä! 111.2
Alle in der Schar der Gläubigen — der Orden des Dagon — und die Kinder sollen niemals sterben, sondern zur Mutter Hydra und zu Vater Dagon zurückkehren, von denen wir alle abstammen — Iä!

Iä! Cthulhu fhtagn! 111.3
Iä! Cthulhu fhtagn!

Ph'nglui mglw'nafh Cthulhu R'lyeh wgahnagl fhtagn — " 111.4
Ph'nglui mglw'nafh Cthulhu R'lyeh wgahnagl fhtagn — "

Old Zadok began to moan now, 112.1
Der alte Zadok begann nun zu stöhnen,

112.2 and tears were coursing down his channelled cheeks into the depths of his beard.

und Tränen liefen über seine geschwollenen Wangen in die Tiefen seines Bartes.

113.1 "God, what I seen senct I was fifteen year' old — Mene, mene, tekel, upharsin!

"Gott, was ich gesehen habe, als ich fünfzehn Jahre alt war — Mene, mene, tekel, upharsin!

113.2 — the folks as was missin', an' them as kilt theirselves — them as told things in Arkham or Ipswich or sech places was all called crazy, like you're a-callin' me right naow — but God, what I seen — they'd a kilt me long ago fer what I know, only I'd took the fust an' secon' Oaths o' Dagon offen Obed, so was pertected unlessen a jury of 'em proved I told things knowin' an' delib'rit ...but I wudn't take the third Oath — I'd a died ruther'n take that — .

-die Leute, die vermisst wurden, und die, die sich selbst umgebracht haben - die, die Dinge in Arkham oder Ipswich oder an anderen Orten erzählt haben, wurden alle für verrückt erklärt, so wie ihr mich jetzt anruft - aber Gott, was ich gesehen habe - sie hätten mich vor langer Zeit umgebracht für das, was ich weiß, nur dass ich den ersten und zweiten Eid auf Dagon vor Obed abgelegt hatte, so dass ich geschützt war, es sei denn, die Geschworenen bewiesen, dass ich Dinge wissend und wahnsinnig erzählt habe ...aber den dritten Eid wollte ich nicht ablegen - ich wäre eher gestorben, als dass ich ihn abgelegt hätte.

114.1 "It got wuss araound Civil War time, when children born senct 'forty-six begun to grow up -

"Um die Zeit des Bürgerkriegs herum, als die Kinder, die nach sechsundvierzig Jahren geboren wurden, erwachsen zu werden begannen -

some of 'em, that is. 114.2
einige von ihnen, um genau zu sein.

I was afeard — never did no pryin' arter that awful night, 114.3
Ich hatte Angst — ich habe nach dieser schrecklichen Nacht nie mehr nachgeforscht und habe in meinem ganzen Leben noch nie einen von ihnen gesehen,

an' never see one o' — them — clost to in all my life. 114.4
der gestorben ist.

That is, never no full-blooded one. 114.5
Das heißt, noch nie einen Vollblutsauger.

Barnabas Marsh that runs the refin'ry naow is Obed's grandson by his fust wife — son of Onesiphorus, his eldest son, but his mother was another o' them as wa'n't never seed aoutdoors. 114.6
Barnabas Marsh, der jetzt die Raffinerie betreibt, ist Obeds Enkel von seiner ersten Frau, Sohn von Onesiphorus, seinem ältesten Sohn, aber seine Mutter war eine andere von denen, die nie im Freien gesät wurden.

"Right naow Barnabas is abaout changed. 115.1
"Jetzt ist Barnabas wie ausgewechselt.

Can't shet his eyes no more, an' is all aout o' shape. 115.2
Er kann seine Augen nicht mehr sehen und ist völlig aus der Form geraten.

They say he still wears clothes, but he'll take to the water soon." ... 115.3
Es heißt, er trägt noch Kleider, aber er wird bald ins Wasser gehen." ...

116.1 The sound of the incoming tide was now very insistent,

Das Geräusch der einlaufenden Flut war jetzt sehr eindringlich,

116.2 and little by little it seemed to change the old man's mood from maudlin tearfulness to watchful fear.

und allmählich schien sich die Stimmung des alten Mannes von rührseliger Tränenseligkeit in wachsame Angst zu verwandeln.

116.3 He would pause now and then to renew those nervous glances over his shoulder or out toward the reef, and despite the wild absurdity of his tale, I could not help beginning to share his vague apprehensiveness.

Ab und zu hielt er inne, um seine nervösen Blicke über die Schulter oder auf das Riff zu richten, und trotz der wilden Absurdität seiner Erzählung konnte ich nicht umhin, seine vage Beunruhigung zu teilen.

116.4 Zadok now grew shriller,

Zadok wurde nun schriller und schien zu versuchen,

116.5 and seemed to be trying to whip up his courage with louder speech.

seinen Mut durch lauteres Sprechen zu steigern.

117.1 "Hey, yew, why dun't ye say somethin'?

"He, ihr, warum sagt ihr denn nichts?

Haow'd ye like to be livin' in a taown like this, with everything a-rottin' an' a-dyin', an' boarded-up monsters crawlin' an' bleatin' an' barkin' an' hoppin' araoun' black cellars an' attics every way ye turn? 117.2
Wie würde es euch gefallen, in einer solchen Stadt zu leben, in der alles verfault und verrottet, in der verbretterte Monster herumkriechen und blöken und bellen und durch schwarze Keller und Dachböden hüpfen, wohin ihr euch auch wendet?

Hey? 117.3
He?

Wal, Sir, let me tell ye that aint the wust!" 117.4
Wal, Sir, lassen Sie mich Ihnen sagen, dass das nicht der Wust ist!"

Zadok was really screaming now, and the mad frenzy of his voice disturbed me more than I care to own. 118.1
Zadok schrie jetzt wirklich, und die wahnsinnige Raserei seiner Stimme beunruhigte mich mehr, als mir lieb sein konnte.

"Curse ye, dun't set thar a-starin' at me with them eyes — I tell Obed Marsh he's in hell, an' hez got to stay thar! 119.1
"Verflucht, starrt mich nicht mit euren Augen an - ich sage Obed Marsh, er ist in der Hölle und muss dort bleiben!

Heh, heh ...in hell, I says! 119.2
Ha, ha ...in der Hölle, sage ich!

119.3 Can’t git me — I hain’t done nothin' nor told nobody nothin' — .

Sie kriegen mich nicht - ich habe nichts getan und niemandem etwas gesagt.

120.1 "Oh, you, young feller?

"Ach, du, junger Mann?

120.2 Wal, even ef I hain’t told nobody nothin' yet, I’m a-goin' to naow!

Wal, selbst wenn ich noch niemandem etwas erzählt habe, werde ich es jetzt tun!

120.3 Yew jest set still an' listen to me, boy — this is what I ain’t never told nobody ...I says I didn’t get to do no pryin' arter that night — but I found things aout jest the same!

Setz dich einfach still hin und hör mir zu, Junge - das ist es, was ich noch nie jemandem erzählt habe ...Ich sagte, dass ich nach dieser Nacht nicht mehr nachforschen konnte, aber ich fand die Dinge genauso wie vorher!

121.1 "Yew want to know what the reel horror is, hey?

"Ihr wollt wissen, was das Schlimme an der Rolle ist?

121.2 Wal, it’s this — it ain’t what them fish devils hez done, but what they’re a-goin' to do!

Nun, es ist nicht das, was die Fischteufel getan haben, sondern das, was sie tun werden!

121.3 They’re a-bringin' things up aout o' whar they come from into the taown — ben doin' it fer years, an' slackenin' up lately.

Sie bringen die Dinge von dort, wo sie herkommen, in die Stadt - das tun sie schon seit Jahren, und in letzter Zeit lassen sie es nach.

Them haouses north o' the river betwixt Water an' Main Streets is full of 'em - 121.4
Die Häuser nördlich des Flusses, zwischen Water und Main Street, sind voll von ihnen -

them devils an' what they brung - 121.5
diese Teufel und was sie mitgebracht haben -

an' when they git ready ...I say, when they git ready ... 121.6
und wenn sie fertig sind ...Ich sage, wenn sie fertig sind ...

ever hear tell of a shoggoth? ... 121.7
hast du jemals von einem Shoggoth gehört? ...

"Hey, d'ye hear me? 122.1
"Hey, hört ihr mich?

I tell ye I know what them things be — 122.2
Ich sage euch, ich weiß, was die Dinger sind —

I seen 'em one night when ...EH-AHHHH — AH! 122.3
ich habe sie eines Nachts gesehen, als ...EH-AHHHH — AH!

E'YAAHHHH ..." 122.4
E'YAAHHHH ..."

The hideous suddenness and inhuman frightfulness of the old man's shriek almost made me faint. 123.1
Die abscheuliche Plötzlichkeit und die unmenschliche Schrecklichkeit des Schreis des alten Mannes ließen mich fast ohnmächtig werden.

123.2 His eyes, looking past me toward the malodorous sea, were positively starting from his head; while his face was a mask of fear worthy of Greek tragedy.

Seine Augen, die an mir vorbei auf das übelriechende Meer blickten, traten förmlich aus seinem Kopf, und sein Gesicht war eine Maske der Angst, die einer griechischen Tragödie würdig wäre.

123.3 His bony claw dug monstrously into my shoulder, and he made no motion as I turned my head to look at whatever he had glimpsed.

Seine knochige Klaue grub sich monströs in meine Schulter, und er bewegte sich nicht, als ich den Kopf drehte, um zu sehen, was er gesehen hatte.

124.1 There was nothing that I could see.

Es gab nichts, was ich sehen konnte.

124.2 Only the incoming tide, with perhaps one set of ripples more local than the long-flung line of breakers.

Nur die ankommende Flut, mit vielleicht einer Reihe von Wellen, die lokaler waren als die langgestreckte Linie der Brecher.

124.3 But now Zadok was shaking me, and I turned back to watch the melting of that fear-frozen face into a chaos of twitching eyelids and mumbling gums.

Aber jetzt schüttelte mich Zadok, und ich drehte mich um, um zu beobachten, wie das vor Angst gefrorene Gesicht zu einem Chaos aus zuckenden Augenlidern und murmelndem Zahnfleisch schmolz.

124.4 Presently his voice came back -

Kurz darauf kam seine Stimme zurück -

albeit as a trembling whisper. 124.5
wenn auch nur als zitterndes Flüstern.

"Git aout o' here! Git aout o' here! 125.1
"Verschwindet von hier! Verschwindet von hier!

They seen us - git aout fer your life! 125.2
Sie haben uns gesehen - lauft um euer Leben!

Dun't wait fer nothin' - they know naow - Run fer it - 125.3
Wartet nicht auf irgendwas - sie wissen es schon - rennt weg -

quick - aout o' this taown -" 125.4
schnell - raus aus der Stadt -"

Another heavy wave dashed against the loosening masonry of the bygone wharf, and changed the mad ancient's whisper to another inhuman and blood-curdling scream. 126.1
Eine weitere schwere Welle schlug gegen das sich lösende Mauerwerk des alten Kais und verwandelte das Flüstern des verrückten Alten in einen weiteren unmenschlichen und blutigen Schrei.

"E- YAAAHHHH! ..." 127.1
"E- YAAAHHHH! ..."

"YHAAAAAAAA! ..." 128.1
"YHAAAAAAAA! ..."

129.1 Before I could recover my scattered wits he had relaxed his clutch on my shoulder and dashed wildly inland toward the street, reeling northward around the ruined warehouse wall.

Bevor ich meinen zerstreuten Verstand wiedererlangen konnte, hatte er seine Umklammerung an meiner Schulter gelockert und raste wild landeinwärts auf die Straße zu, um die Mauer des zerstörten Lagerhauses herum nach Norden zu taumeln.

130.1 I glanced back at the sea,

Ich warf einen Blick zurück auf das Meer,

130.2 but there was nothing there.

aber dort war nichts zu sehen.

130.3 And when I reached Water Street and looked along it toward the north there was no remaining trace of Zadok Allen.

Und als ich die Water Street erreichte und sie in Richtung Norden entlangging, war keine Spur mehr von Zadok Allen zu sehen.

— IV —

133.1 I can hardly describe the mood in which I was left by this harrowing episode -

Ich kann kaum beschreiben, in welcher Stimmung ich mich nach dieser erschütternden Episode befand -

an episode at once mad and pitiful, grotesque and terrifying. 133.2

einer Episode, die zugleich verrückt und erbärmlich, grotesk und erschreckend war.

The grocery boy had prepared me for it, 133.3

Der Lebensmittelhändler hatte mich darauf vorbereitet,

yet the reality left me none the less bewildered and disturbed. 133.4

doch die Realität ließ mich nicht weniger verwirrt und beunruhigt zurück.

Puerile though the story was, old Zadok's insane earnestness and horror had communicated to me a mounting unrest which joined with my earlier sense of loathing for the town and its blight of intangible shadow. 133.5

So kindisch die Geschichte auch war, der verrückte Ernst und das Entsetzen des alten Zadok hatten in mir eine wachsende Unruhe ausgelöst, die sich mit meinem früheren Gefühl der Abscheu vor der Stadt und ihren ungreifbaren Schatten verband.

The hour had grown perilously late - my watch said 7: 134.1

Es war schon gefährlich spät geworden - meine Uhr zeigte 7:

15, 134.2

15 Uhr an,

and the Arkham bus left Town Square at eight - 134.3

und der Arkham-Bus fuhr um acht Uhr am Town Square ab -

134.4 so I tried to give my thoughts as neutral and practical a cast as possible, meanwhile walking rapidly through the deserted streets of gaping roofs and leaning houses toward the hotel where I had checked my valise and would find my bus.

also versuchte ich, meinen Gedanken eine möglichst neutrale und praktische Form zu geben, und ging in der Zwischenzeit zügig durch die menschenleeren Straßen mit ihren klaffenden Dächern und schiefen Häusern in Richtung des Hotels, wo ich meine Reisetasche abgegeben hatte und meinen Bus finden würde.

135.1 Studying the grocery youth's map and seeking a route I had not traversed before, I chose Marsh Street instead of State for my approach to Town Square.

Ich studierte die Karte des Lebensmittelhändlers und suchte nach einer Route, die ich noch nie zuvor gegangen war, und wählte die Marsh Street statt der State Street, um mich dem Town Square zu nähern.

135.2 Near the corner of Fall Street I began to see scattered groups of furtive whisperers, and when I finally reached the Square I saw that almost all the loiterers were congregated around the door of the Gilman House.

In der Nähe der Ecke Fall Street sah ich verstreute Gruppen von heimlichen Flüsternden, und als ich schließlich den Platz erreichte, sah ich, dass sich fast alle Herumlungernden um die Tür des Gilman House versammelt hatten.

It seemed as if many bulging, watery, unwinking eyes looked oddly at me as I claimed my valise in the lobby, and I hoped that none of these unpleasant creatures would be my fellow-passengers on the coach. 135.3

Es schien, als ob mich viele wulstige, wässrige, blinzelnde Augen seltsam ansahen, als ich meinen Koffer in der Lobby abholte, und ich hoffte, dass keine dieser unangenehmen Kreaturen meine Mitreisenden in der Kutsche sein würden.

The bus, rather early, rattled in with three passengers somewhat before eight, and an evil-looking fellow on the sidewalk muttered a few indistinguishable words to the driver. 136.1

Der Bus, der recht früh kam, fuhr mit drei Fahrgästen kurz vor acht ein, und ein böse dreinblickender Kerl auf dem Bürgersteig murmelte dem Fahrer ein paar undefinierbare Worte zu.

I was, it appeared, in very bad luck. 136.2

Es schien, als hätte ich großes Pech gehabt.

There had been something wrong with the engine, despite the excellent time made from Newburyport, and the bus could not complete the journey to Arkham. 136.3

Trotz der hervorragenden Zeit, die ich von Newburyport aus zurückgelegt hatte, war etwas mit dem Motor nicht in Ordnung, und der Bus konnte die Fahrt nach Arkham nicht beenden.

136.4 No, it could not possibly be repaired that night, nor was there any other way of getting transportation out of Innsmouth, either to Arkham or elsewhere.
Nein, er konnte unmöglich in dieser Nacht repariert werden, und es gab auch keine andere Möglichkeit, von Innsmouth aus nach Arkham oder anderswohin zu gelangen.

136.5 Sargent was sorry,
Sargent tat es leid,

136.6 but I would have to stop over at the Gilman.
aber ich würde im Gilman übernachten müssen.

136.7 Probably the clerk would make the price easy for me,
Wahrscheinlich würde der Angestellte mir den Preis leicht machen,

136.8 but there was nothing else to do.
aber es gab nichts anderes zu tun.

136.9 Almost dazed by this sudden obstacle, and violently dreading the fall of night in this decaying and half-unlighted town, I left the bus and reentered the hotel lobby; where the sullen, queer-looking night clerk told me I could have Room 428 on next the top floor -
Beinahe benommen von diesem plötzlichen Hindernis und mit heftiger Furcht vor dem Einbruch der Nacht in dieser verfallenen und halb unbeleuchteten Stadt verließ ich den Bus und betrat erneut die Hotellobby, wo mir der mürrische, seltsam aussehende Nachtportier sagte, ich könne Zimmer 428 im obersten Stockwerk haben -

136.10 large, but without running water - for a dollar.
groß, aber ohne fließendes Wasser - für einen Dollar.

Despite what I had heard of this hotel in Newburyport, I signed the register, paid my dollar, let the clerk take my valise, and followed that sour, solitary attendant up three creaking flights of stairs past dusty corridors which seemed wholly devoid of life. 137.1

Trotz allem, was ich über dieses Hotel in Newburyport gehört hatte, unterschrieb ich die Anmeldung, bezahlte meinen Dollar, überließ dem Angestellten meine Reisetasche und folgte dem mürrischen, einsamen Bediensteten drei knarrende Treppen hinauf, vorbei an staubigen Fluren, die völlig unbelebt schienen.

My room, a dismal rear one with two windows and bare, cheap furnishings, over-looked a dingy courtyard otherwise hemmed in by low, deserted brick blocks, and commanded a view of decrepit westward-stretching roofs with a marshy countryside beyond. 137.2

Mein Zimmer, ein düsteres Hinterzimmer mit zwei Fenstern und kargem, billigem Mobiliar, überblickte einen schmuddeligen Hof, der ansonsten von niedrigen, verlassenen Backsteinblöcken umschlossen war, und bot einen Blick auf die verfallenen Dächer, die sich nach Westen hin erstreckten, und auf eine sumpfige Landschaft dahinter.

At the end of the corridor was a bathroom - 137.3

Am Ende des Korridors befand sich ein Badezimmer -

a discouraging relique with ancient marble bowl, tin tub, faint electric light, and musty wooden panelling around all the plumbing fixtures. 137.4

ein entmutigendes Relikt mit einer alten Marmorschüssel, einer Blechwanne, schwachem elektrischem Licht und muffiger Holzverkleidung um alle Armaturen herum.

138.1 As twilight deepened I turned on the one feeble electric bulb over the cheap, iron-framed bed, and tried as best I could to read.

Als die Dämmerung hereinbrach, schaltete ich die einzige schwache Glühbirne über dem billigen, eisenbeschlagenen Bett ein und versuchte, so gut es ging, zu lesen.

138.2 I felt it advisable to keep my mind wholesomely occupied, for it would not do to brood over the abnormalities of this ancient, blight-shadowed town while I was still within its borders.

Ich hielt es für ratsam, meinen Geist auf gesunde Weise zu beschäftigen, denn es wäre nicht gut, über die Abnormitäten dieser uralten, vom Brand überschatteten Stadt zu grübeln, solange ich mich noch in ihren Grenzen befand.

138.3 The insane yarn I had heard from the aged drunkard did not promise very pleasant dreams, and I felt I must keep the image of his wild, watery eyes as far as possible from my imagination.

Die irrsinnige Geschichte, die ich von dem alten Trunkenbold gehört hatte, versprach keine sehr angenehmen Träume, und ich hatte das Gefühl, dass ich das Bild seiner wilden, wässrigen Augen so weit wie möglich aus meiner Vorstellung verbannen musste.

139.1 Another thing that disturbed me was the absence of a bolt on the door of my room.

Ein weiterer Punkt, der mich beunruhigte, war das Fehlen eines Riegels an meiner Zimmertür.

139.2 One had been there, as marks clearly showed, but there were signs of recent removal.

Es war einer da gewesen, wie die Spuren deutlich zeigten, aber es gab Anzeichen dafür, dass er kürzlich entfernt worden war.

No doubt it had become out of order, 139.3
Zweifellos war er nicht mehr in Ordnung,

like so many other things in this decrepit edifice. 139.4
wie so viele andere Dinge in diesem herunterkommenen Gebäude.

In my nervousness I looked around and discovered 139.5
a bolt on the clothespress which seemed to be of the same size, judging from the marks, as the one formerly on the door.
In meiner Nervosität schaute ich mich um und entdeckte einen Riegel an der Wäschepresse, der den Spuren nach zu urteilen die gleiche Größe zu haben schien wie der, der früher an der Tür war.

To gain a partial relief from the general tension I 139.6
busied myself by transferring this hardware to the vacant place with the aid of a handy three-in-one device including a screw-driver which I kept on my keyring.
Um die allgemeine Anspannung etwas zu lindern, machte ich mich daran, diesen Beschlag mit Hilfe eines handlichen Drei-in-eins-Gerätes mit Schraubenzieher, das ich an meinem Schlüsselbund aufbewahrte, an den freien Platz zu bringen.

The bolt fitted perfectly, and I was somewhat 139.7
relieved when I knew that I could shoot it firmly upon retiring.
Der Bolzen passte perfekt, und ich war etwas erleichtert, als ich wusste, dass ich ihn beim Zurückziehen fest anschießen konnte.

139.8 There were adequate bolts on the two lateral doors to connecting rooms,

An den beiden seitlichen Türen zu den Verbindungszimmern waren entsprechende Riegel vorhanden,

139.9 and these I proceeded to fasten.

die ich anbrachte.

140.1 I did not undress, but decided to read till I was sleepy and then lie down with only my coat, collar, and shoes off.

Ich zog mich nicht aus, sondern beschloss zu lesen, bis ich müde war, und mich dann nur mit ausgezogenem Mantel, Kragen und Schuhen hinzulegen.

140.2 Taking a pocket flashlight from my valise, I placed it in my trousers, so that I could read my watch if I woke up later in the dark.

Ich nahm eine Taschenlampe aus meiner Reisetasche und steckte sie in meine Hose, damit ich meine Uhr ablesen konnte, falls ich später im Dunkeln aufwachte.

140.3 Drowsiness, however, did not come; and when I stopped to analyze my thoughts I found to my disquiet that I was really unconsciously listening for something -

Die Schläfrigkeit stellte sich jedoch nicht ein, und als ich meine Gedanken analysierte, stellte ich zu meiner Beunruhigung fest, dass ich unbewusst auf etwas lauschte -

140.4 listening for something which I dreaded but could not name.

auf etwas, das ich fürchtete, aber nicht benennen konnte.

At length, feeling a fatigue which had nothing of drowsiness in it, I bolted the newly outfitted hall door, turned off the light, and threw myself down on the hard, uneven bed - 141.1

Als ich schließlich eine Müdigkeit verspürte, die nichts mit Schläfrigkeit zu tun hatte, verriegelte ich die neu eingerichtete Zimmertür, löschte das Licht und warf mich auf das harte, unebene Bett -

coat, collar, shoes, and all. 141.2

Mantel, Kragen, Schuhe und alles.

In the darkness every faint noise of the night seemed magnified, 141.3

In der Dunkelheit schien jedes leise Geräusch der Nacht verstärkt zu werden,

and a flood of doubly unpleasant thoughts swept over me. 141.4

und eine Flut von doppelt unangenehmen Gedanken überkam mich.

I was sorry I had put out the light, yet was too tired to rise and turn it on again. 141.5

Es tat mir leid, dass ich das Licht gelöscht hatte, aber ich war zu müde, um aufzustehen und es wieder anzumachen.

Then, after a long, dreary interval, and prefaced by a fresh creaking of stairs and corridor, there came that soft, damnably unmistakable sound which seemed like a malign fulfilment of all my apprehensions. 141.6

Dann, nach einer langen, trostlosen Pause, die durch ein erneutes Knarren von Treppe und Flur eingeleitet wurde, ertönte dieses leise, verdammt unmissverständliche Geräusch, das wie die bösartige Erfüllung all meiner Befürchtungen schien.

141.7 Without the least shadow of a doubt, the lock on my hall door was being tried — cautiously, furtively, tentatively — with a key.

Ohne den geringsten Schatten eines Zweifels wurde das Schloss meiner Flurtür vorsichtig, heimlich und zaghaft mit einem Schlüssel versucht.

142.1 The change in the menace from vague premonition to immediate reality was a profound shock, and fell upon me with the force of a genuine blow.

Die Veränderung der Bedrohung von einer vagen Vorahnung zur unmittelbaren Realität war ein tiefer Schock und traf mich mit der Wucht eines echten Schlages.

142.2 It never once occurred to me that the fumbling might be a mere mistake.

Es kam mir nicht ein einziges Mal in den Sinn, dass das Fummeln ein bloßer Irrtum sein könnte.

142.3 Malign purpose was all I could think of, and I kept deathly quiet, awaiting the would-be intruder's next move.

Ich konnte nur an eine bösartige Absicht denken und verhielt mich totenstill, um den nächsten Schritt des vermeintlichen Eindringlings abzuwarten.

143.1 After a time the cautious rattling ceased, and I heard the room to the north entered with a pass key.

Nach einer Weile hörte das vorsichtige Klappern auf, und ich hörte, wie das Zimmer im Norden mit einem Generalschlüssel geöffnet wurde.

143.2 Then the lock of the connecting door to my room was softly tried.

Dann wurde das Schloss der Verbindungstür zu meinem Zimmer leise ausprobiert.

The bolt held, of course, and I heard the floor creak as the prowler left the room. 143.3
Der Riegel hielt natürlich, und ich hörte den Boden knarren, als der Herumtreiber den Raum verließ.

After a moment there came another soft rattling, and I knew that the room to the south of me was being entered. 143.4
Nach einem Moment ertönte ein weiteres leises Klappern, und ich wusste, dass der Raum südlich von mir betreten wurde.

Again a furtive trying of a bolted connecting door, and again a receding creaking. 143.5
Wieder ein heimlicher Versuch, eine verriegelte Verbindungstür zu öffnen, und wieder ein zurückweichendes Knarren.

This time the creaking went along the hall and down the stairs, so I knew that the prowler had realized the bolted condition of my doors and was giving up his attempt for a time. 143.6
Diesmal ging das Knarren den Flur entlang und die Treppe hinunter, so dass ich wusste, dass der Herumtreiber den verriegelten Zustand meiner Türen erkannt hatte und seinen Versuch vorläufig aufgab.

The one thing to do was to get out of that hotel alive as quickly as I could, and through some channel other than the front stairs and lobby! 144.1
Das Einzige, was ich tun musste, war, das Hotel so schnell wie möglich lebend zu verlassen, und zwar auf einem anderen Weg als über die Treppe und die Lobby!

145.1 Rising softly and throwing my flashlight on the switch, I sought to light the bulb over my bed in order to choose and pocket some belongings for a swift, valiseless flight.

Ich erhob mich leise und warf meine Taschenlampe auf den Schalter, um die Glühbirne über meinem Bett anzuzünden, damit ich ein paar Sachen für eine schnelle, kampflose Flucht aussuchen und einstecken konnte.

145.2 Nothing, however, happened; and I saw that the power had been cut off.

Aber nichts geschah, und ich sah, dass der Strom abgestellt worden war.

145.3 So, filling my pockets with the flashlight's aid, I put on my hat and tiptoed to the windows to consider chances of descent.

Ich füllte also meine Taschen mit der Hilfe der Taschenlampe, setzte meinen Hut auf und ging auf Zehenspitzen zum Fenster, um die Chancen für einen Abstieg zu prüfen.

145.4 Despite the state's safety regulations there was no fire escape on this side of the hotel, and I saw that my windows commanded only a sheer three-story drop to the cobbled courtyard.

Trotz der staatlichen Sicherheitsbestimmungen gab es auf dieser Seite des Hotels keine Feuertreppe, und ich sah, dass meine Fenster nur einen steilen, dreistöckigen Abstieg zum gepflasterten Innenhof boten.

On the right and left, however, some ancient brick business blocks abutted on the hotel; their slant roofs coming up to a reasonable jumping distance from my fourth-story level. 145.5

Rechts und links schlossen sich jedoch einige alte Geschäftshäuser aus Backstein an das Hotel an, deren schräge Dächer bis zu einer angemessenen Sprungweite von meinem vierten Stockwerk heraufreichten.

To reach either of these lines of buildings I would have to be in a room two doors from my own — in one case on the north and in the other case on the south — and my mind instantly set to work calculating what chances I had of making the transfer. 145.6

Um eine dieser beiden Gebäudelinien zu erreichen, müsste ich mich in einem Zimmer befinden, das zwei Türen von meinem eigenen entfernt ist - in dem einen Fall auf der Nord - und in dem anderen Fall auf der Südseite - und mein Verstand machte sich sofort an die Arbeit, um zu berechnen, welche Chancen ich hatte, den Transfer zu schaffen.

First, 146.1

Zuerst verstärkte ich meine eigene Außentür,

I reinforced my own outer door by pushing the bureau against it - 146.2

indem ich die Kommode dagegen drückte -

little by little, in order to make a minimum of sound. 146.3

Stück für Stück, um ein Minimum an Geräusch zu erzeugen.

146.4 Then, gathering from the grocery boy's map that the best route out of town was southward, I glanced first at the connecting door on the south side of the room.
Dann entnahm ich der Karte des Lebensmittelhändlers, dass der beste Weg aus der Stadt nach Süden führte, und warf zuerst einen Blick auf die Verbindungstür an der Südseite des Zimmers.

146.5 It was designed to open in my direction, hence I saw -
Sie war so konstruiert, dass sie sich in meine Richtung öffnen ließ, und so sah ich -

146.6 after drawing the bolt and finding other fastenings in place -
nachdem ich den Riegel gezogen und andere Befestigungen an Ort und Stelle gefunden hatte -

146.7 it was not a favorable one for forcing.
dass sie sich nicht zum Aufbrechen eignete.

146.8 Accordingly abandoning it as a route,
Daher verzichtete ich auf diese Tür und schob das Bettgestell vorsichtig dagegen,

146.9 I cautiously moved the bedstead against it to hamper any attack which might be made on it later from the next room.
um einen eventuellen späteren Angriff aus dem Nebenzimmer zu erschweren.

The door on the north was hung to open away from me, and this — though a test proved it to be locked or bolted from the other side — I knew must be my route. 146.10
Die Tür auf der Nordseite war so aufgehängt, dass sie sich von mir weg öffnen ließ, und ich wusste, dass dies mein Weg sein musste, auch wenn ein Test ergab, dass sie von der anderen Seite verschlossen oder verriegelt war.

If I could gain the roofs of the buildings in Paine Street and descend successfully to the ground level, I might perhaps dart through the courtyard and the adjacent or opposite buildings to Washington or Bates - 146.11
Wenn es mir gelänge, die Dächer der Gebäude in der Paine Street zu erklimmen und bis zum Boden hinabzusteigen, könnte ich vielleicht durch den Innenhof und die angrenzenden oder gegenüberliegenden Gebäude nach Washington oder Bates gelangen -

or else emerge in Paine and edge around southward into Washington. 146.12
oder ich würde in der Paine Street auftauchen und nach Süden in die Washington Street ausweichen.

In any case, 146.13
In jedem Fall würde ich versuchen,

I would aim to strike Washington somehow and get quickly out of the Town Square region. 146.14
Washington irgendwie zu erreichen und schnell aus der Town Square-Region herauszukommen.

My preference would be to avoid Paine, 146.15
Am liebsten würde ich Paine meiden,

146.16 since the fire station there might be open all night.
da die dortige Feuerwache die ganze Nacht geöffnet sein könnte.

147.1 I was irresolutely speculating on when I had better attack the northward door, and on how I could least audibly manage it, when I noticed that the vague noises underfoot had given place to a fresh and heavier creaking of the stairs.
Ich überlegte unschlüssig, wann ich die Nordtür am besten angreifen sollte und wie ich das am wenigsten hörbar bewerkstelligen konnte, als ich bemerkte, dass die vagen Geräusche unter den Füßen einem neuen und stärkeren Knarren der Treppe gewichen waren.

147.2 A wavering flicker of light showed through my transom,
Ein schwankender Lichtschein zeigte sich durch mein Oberlicht,

147.3 and the boards of the corridor began to groan with a ponderous load.
und die Bretter des Korridors begannen unter einer schwerfälligen Last zu ächzen.

147.4 Muffled sounds of possible vocal origin approached, and at length a firm knock came at my outer door.
Gedämpfte Geräusche, die möglicherweise von einer Stimme stammten, kamen näher, und schließlich klopfte es fest an meine Außentür.

148.1 For a moment I simply held my breath and waited.
Einen Moment lang hielt ich einfach den Atem an und wartete.

148.2 Eternities seemed to elapse,
Ewigkeiten schienen zu vergehen,

and the nauseous fishy odor of my environment seemed to mount suddenly and spectacularly. 148.3
und der ekelerregende Fischgeruch in meiner Umgebung schien sich plötzlich und spektakulär zu verstärken.

Then the knocking was repeated - 148.4
Dann wiederholte sich das Klopfen -

continuously, and with growing insistence. 148.5
unaufhörlich und mit wachsender Eindringlichkeit.

I knew that the time for action had come, and 148.6
forthwith drew the bolt of the northward connecting door, bracing myself for the task of battering it open.
Ich wusste, dass die Zeit zum Handeln gekommen war, und zog sofort den Riegel der Verbindungstür nach Norden und machte mich daran, sie aufzubrechen.

The knocking waxed louder, and I hoped that its 148.7
volume would cover the sound of my efforts.
Das Klopfen wurde immer lauter, und ich hoffte, dass seine Lautstärke das Geräusch meiner Bemühungen überdecken würde.

At last beginning my attempt, I lunged again and 148.8
again at the thin panelling with my left shoulder, heedless of shock or pain.
Endlich begann ich meinen Versuch und stieß mit der linken Schulter immer wieder gegen die dünne Verkleidung, ohne Rücksicht auf Erschütterungen oder Schmerzen.

149.1 Finally the connecting door gave, but with such a crash that I knew those outside must have heard.
Schließlich gab die Verbindungstür nach, aber mit einem solchen Krachen, dass ich wusste, dass die draußen es gehört haben mussten.

149.2 Instantly the outside knocking became a violent battering,
Sofort wurde das Klopfen von draußen zu einem heftigen Hämmern,

149.3 while keys sounded ominously in the hall doors of the rooms on both sides of me.
während die Schlüssel in den Flurtüren der Zimmer auf beiden Seiten von mir bedrohlich klangen.

149.4 Rushing through the newly opened connection, I succeeded in bolting the northerly hall door before the lock could be turned;
Ich eilte durch die neu geöffnete Verbindung und schaffte es, die nördliche Zimmertür zu verriegeln, bevor das Schloss gedreht werden konnte;

149.5 but even as I did so I heard the hall door of the third room -
aber noch während ich dies tat, hörte ich, wie die Zimmertür des dritten Zimmers -

149.6 the one from whose window I had hoped to reach the roof below -
von dessen Fenster aus ich gehofft hatte, das Dach darunter zu erreichen -

149.7 being tried with a pass key.
mit einem Generalschlüssel versucht wurde.

For an instant I felt absolute despair, 150.1
Einen Moment lang war ich völlig verzweifelt,

since my trapping in a chamber with no window 150.2
egress seemed complete.
denn ich schien in einer Kammer ohne Fenster gefangen zu sein.

Then, with a dazed automatism, I made for the next 150.3
connecting door and performed the blind motion of pushing at it in an effort to get through!
Dann machte ich mich wie von selbst auf den Weg zur nächsten Verbindungstür und drückte blindlings dagegen, um hindurchzukommen!

Sheer fortunate chance gave me my reprieve — 151.1
for the connecting door before me was not only unlocked but actually ajar.
Ein reiner Glücksfall verschaffte mir eine Gnadenfrist, denn die Verbindungstür vor mir war nicht nur unverschlossen, sondern sogar angelehnt.

In a second I was through, 151.2
In einer Sekunde war ich hindurch und hatte mein rechtes Knie und meine Schulter gegen eine Flurtür gedrückt,

and had my right knee and shoulder against a hall 151.3
door which was visibly opening inward.
die sich sichtbar nach innen öffnete.

My pressure took the opener off guard, for the 151.4
thing shut as I pushed, so that I could slip the well-conditioned bolt as I had done with the other door.
Mein Druck überraschte den Türöffner, denn das Ding schloss sich, als ich drückte, so dass ich den gut konditionierten Riegel abziehen konnte, wie ich es mit der anderen Tür getan hatte.

151.5 As I gained this respite I heard the battering at the two other doors abate, while a confused clatter came from the connecting door I had shielded with the bedstead.

Als ich mir diese Ruhepause verschaffte, hörte ich, wie die Schläge gegen die beiden anderen Türen nachließen, während von der Verbindungstür, die ich mit dem Bettgestell abgeschirmt hatte, ein wirres Gepolter kam.

151.6 Evidently the bulk of my assailants had entered the southerly room and were massing in a lateral attack.

Offensichtlich war der Großteil meiner Angreifer in den südlichen Raum eingedrungen und formierte sich zu einem seitlichen Angriff.

151.7 But at the same moment a pass key sounded in the next door to the north, and I knew that a nearer peril was at hand.

Doch im selben Moment ertönte ein Schlüssel in der nördlichen Nebentür, und ich wusste, dass eine nähere Gefahr drohte.

152.1 The northward connecting door was wide open, but there was no time to think about checking the already turning lock in the hall.

Die Verbindungstür nach Norden stand weit offen, aber es blieb keine Zeit, das sich bereits drehende Schloss im Flur zu überprüfen.

All I could do was to shut and bolt the open connecting door, as well as its mate on the opposite side — pushing a bedstead against the one and a bureau against the other, and moving a washstand in front of the hall door. 152.2

Alles, was ich tun konnte, war, die offene Verbindungstür zu schließen und zu verriegeln, ebenso wie die Verbindungstür auf der gegenüberliegenden Seite, indem ich ein Bettgestell gegen die eine und eine Kommode gegen die andere schob und einen Waschtisch vor die Flurtür stellte.

I must, I saw, trust to such makeshift barriers to shield me till I could get out the window and on the roof of the Paine Street block. 152.3

Ich sah ein, dass ich mich auf solche behelfsmäßigen Barrieren verlassen musste, um mich zu schützen, bis ich aus dem Fenster und auf das Dach des Paine Street Blocks gelangen konnte.

But even in this acute moment my chief horror was something apart from the immediate weakness of my defenses. 152.4

Aber selbst in diesem akuten Moment war mein größtes Entsetzen etwas anderes als die unmittelbare Schwäche meiner Abwehrkräfte.

I was shuddering because not one of my pursuers, despite some hideous pantings, gruntings, and subdued barkings at odd intervals, was uttering an intelligible vocal sound! 152.5

Ich erschauderte, weil nicht einer meiner Verfolger, trotz eines abscheulichen Hechelns, Grunzens und gedämpften Bellens in unregelmäßigen Abständen, einen verständlichen Laut von sich gab!

153.1 As I moved the furniture and rushed toward the windows I heard a frightful scurrying along the corridor toward the room north of me, and perceived that the southward battering had ceased.

Als ich die Möbel umstellte und zu den Fenstern eilte, hörte ich ein furchterregendes Huschen auf dem Korridor in Richtung des Raumes nördlich von mir und stellte fest, dass der Beschuss von Süden her aufgehört hatte.

153.2 Plainly, most of my opponents were about to concentrate against the feeble connecting door which they knew must open directly on me.

Offensichtlich waren die meisten meiner Gegner im Begriff, sich gegen die schwache Verbindungstür zu konzentrieren, von der sie wussten, dass sie direkt auf mich gerichtet sein musste.

153.3 Outside, the moon played on the ridge-pole of the block below, and I saw that the jump would be desperately hazardous because of the steep surface on which I must land.

Draußen spielte der Mond auf der Firststange des Blocks unter mir, und ich sah, dass der Sprung wegen der steilen Fläche, auf der ich landen musste, äußerst gefährlich sein würde.

154.1 The clatter at the northerly connecting door was now terrific, and I saw that the weak panelling was beginning to splinter.

An der nördlichen Verbindungstür klapperte es nun fürchterlich, und ich sah, dass die schwache Verkleidung zu splittern begann.

Obviously, the besiegers had brought some ponderous object into play as a battering-ram. 154.2
Offensichtlich hatten die Belagerer irgendeinen schwerfälligen Gegenstand als Rammbock ins Spiel gebracht.

The bedstead, however, still held firm; so that I had at least a faint chance of making good my escape. 154.3
Das Bettgestell hielt jedoch noch stand, so dass ich zumindest eine schwache Chance hatte, zu entkommen.

As I opened the window I noticed that it was flanked by heavy velour draperies suspended from a pole by brass rings, and also that there was a large projecting catch for the shutters on the exterior. 154.4
Als ich das Fenster öffnete, bemerkte ich, dass es von schweren Veloursvorhängen flankiert war, die mit Messingringen an einer Stange aufgehängt waren, und dass sich an der Außenseite ein großer vorstehender Verschluss für die Fensterläden befand.

Seeing a possible means of avoiding the dangerous jump, I yanked at the hangings and brought them down, pole and all; 154.5
Da ich eine Möglichkeit sah, den gefährlichen Sprung zu vermeiden, riss ich an den Vorhängen und ließ sie mitsamt der Stange herunter;

then quickly hooking two of the rings in the shutter catch and flinging the drapery outside. 154.6
dann hakte ich schnell zwei der Ringe in den Verschluss der Fensterläden ein und schleuderte den Vorhang nach draußen.

154.7 The heavy folds reached fully to the abutting roof, and I saw that the rings and catch would be likely to bear my weight.
Die schweren Falten reichten bis zum angrenzenden Dach, und ich sah, dass die Ringe und der Verschluss mein Gewicht tragen würden.

154.8 So, climbing out of the window and down the improvised rope ladder, I left behind me forever the morbid and horror-infested fabric of the Gilman House.
So kletterte ich aus dem Fenster und die improvisierte Strickleiter hinunter und ließ die morbide und von Horror geprägte Struktur des Gilman-Hauses für immer hinter mir.

155.1 I landed safely on the loose slates of the steep roof,
Ich landete sicher auf den losen Schieferplatten des steilen Dachs und schaffte es,

155.2 and succeeded in gaining the gaping black skylight without a slip.
das klaffende schwarze Dachfenster ohne einen Ausrutscher zu erreichen.

155.3 The place inside was ghoulish-looking, but I was past minding such impressions and made at once for the staircase revealed by my flashlight -
Das Innere des Hauses sah gespenstisch aus, aber ich kümmerte mich nicht um solche Eindrücke und machte mich sofort auf den Weg zur Treppe, die mir meine Taschenlampe gezeigt hatte -

after a hasty glance at my watch, which showed 155.4
the hour to be 2 A.M. The steps creaked, but seemed tolerably sound;
nach einem hastigen Blick auf meine Uhr, die 2 Uhr morgens anzeigte;

and I raced down past a barnlike second story to the 155.5
ground floor.
Die Stufen knarrten, schienen aber einigermaßen sicher zu sein, und ich rannte an einem scheunenartigen zweiten Stockwerk vorbei ins Erdgeschoss.

The desolation was complete, 155.6
Die Trostlosigkeit war vollkommen,

and only echoes answered my footfalls. 155.7
und nur Echos antworteten auf meine Schritte.

The hallway inside was black, and when I reached 156.1
the opposite end I saw that the street door was wedged immovably shut.
Der Gang im Inneren war schwarz, und als ich das gegenüberliegende Ende erreichte, sah ich, dass die Haustür fest verkeilt war.

Resolved to try another building, I groped my way 156.2
toward the courtyard, but stopped short when close to the doorway.
Entschlossen, es in einem anderen Gebäude zu versuchen, tastete ich mich in Richtung Innenhof vor, blieb aber kurz vor dem Eingang stehen.

For out of an opened door in the Gilman House a 157.1
large crowd of doubtful shapes was pouring -
Denn aus einer geöffneten Tür im Gilman House strömte eine große Menge zweifelhafter Gestalten -

157.2 lanterns bobbing in the darkness, and horrible croaking voices exchanging low cries in what was certainly not English.

Laternen, die in der Dunkelheit wippten, und schrecklich krächzende Stimmen, die tiefe Schreie in einer Sprache ausstießen, die sicherlich nicht Englisch war.

157.3 Their features were indistinguishable, but their crouching, shambling gait was abominably repellent.

Ihre Gesichtszüge waren ununterscheidbar, aber ihr geduckter, watschelnder Gang war abscheulich abstoßend.

157.4 And worst of all, I perceived that one figure was strangely robed, and unmistakably surmounted by a tall tiara of a design altogether too familiar.

Und das Schlimmste war, dass eine der Gestalten seltsam gekleidet war und unverkennbar ein hohes Diadem trug, dessen Muster mir nur allzu bekannt war.

157.5 Again groping toward the street, I opened a door off the hall and came upon an empty room with closely shuttered but sashless windows.

Ich tappte wieder in Richtung Straße, öffnete eine Tür vom Flur und kam in einen leeren Raum mit dicht verschlossenen, aber vergitterten Fenstern.

157.6 Fumbling in the rays of my flashlight, I found I could open the shutters; and in another moment had climbed outside and was carefully closing the aperture in its original manner.

Im Schein meiner Taschenlampe fand ich heraus, dass ich die Fensterläden öffnen konnte, und in einem anderen Moment war ich nach draußen geklettert und hatte die Öffnung sorgfältig auf die ursprüngliche Weise geschlossen.

I walked rapidly, softly, and close to the ruined houses. 158.1

Ich ging schnell, leise und dicht an den zerstörten Häusern vorbei.

At Bates Street I drew into a yawning vestibule while two shambling figures crossed in front of me, but was soon on my way again and approaching the open space where Eliot Street obliquely crosses Washington at the intersection of South. 158.2

In der Bates Street blieb ich in einem gähnenden Vorraum stehen, während zwei schlurfende Gestalten vor mir herliefen, aber bald war ich wieder auf dem Weg und näherte mich der freien Fläche, wo die Eliot Street an der Kreuzung mit der South schräg auf die Washington trifft.

Though I had never seen this space, it had looked dangerous to me on the grocery youth's map; since the moonlight would have free play there. 158.3

Obwohl ich diesen Platz noch nie gesehen hatte, war er mir auf der Karte des Lebensmittelhändlers gefährlich vorgekommen, da das Mondlicht dort freies Spiel haben würde.

There was no use trying to evade it, for any alternative course would involve detours of possibly disastrous visibility and delaying effect. 158.4

Es hatte keinen Sinn, zu versuchen, sie zu umgehen, denn jeder andere Weg würde Umwege mit möglicherweise katastrophaler Sichtbarkeit und Verzögerungswirkung mit sich bringen.

158.5 The only thing to do was to cross it boldly and openly; imitating the typical shamble of the Innsmouth folk as best I could, and trusting that no one -

Das Einzige, was ich tun konnte, war, ihn kühn und offen zu überqueren, das typische Schlurfen der Leute von Innsmouth so gut wie möglich nachzuahmen und darauf zu vertrauen, dass niemand -

158.6 or at least no pursuer of mine - would be there.

oder zumindest kein Verfolger von mir - dort sein würde.

159.1 Just how fully the pursuit was organized — and indeed,

Wie gut die Verfolgung organisiert war und welchen Zweck sie verfolgte,

159.2 just what its purpose might be — I could form no idea.

konnte ich nicht erahnen.

159.3 There seemed to be unusual activity in the town, but I judged that the news of my escape from the Gilman had not yet spread.

In der Stadt schien ungewöhnlich viel los zu sein, aber ich schätzte, dass sich die Nachricht von meiner Flucht von der Gilman noch nicht verbreitet hatte.

159.4 The open space was, as I had expected, strongly moonlit.

Der offene Platz war, wie ich erwartet hatte, stark mondbeschienen.

159.5 But my progress was unimpeded, and no fresh sound arose to hint that I had been spied.

Aber ich kam ungehindert voran, und kein neues Geräusch deutete darauf hin, dass ich ausspioniert worden war.

Glancing about me, I involuntarily let my pace slacken for a second to take in the sight of the sea, gorgeous in the burning moonlight at the street's end. 159.6

Als ich mich umschaute, verlangsamte ich unwillkürlich für eine Sekunde meinen Schritt, um den Anblick des Meeres zu genießen, das sich im brennenden Mondlicht am Ende der Straße prächtig präsentierte.

Far out beyond the breakwater was the dim, 159.7

Weit jenseits des Wellenbrechers lag die schemenhafte,

dark line of Devil Reef. 159.8

dunkle Linie des Teufelsriffs.

Then, without warning, I saw the intermittent flashes of light on the distant reef. 160.1

Dann, ohne Vorwarnung, sah ich die sporadischen Lichtblitze auf dem fernen Riff.

My muscles tightened for panic flight, 160.2

Meine Muskeln spannten sich für eine panische Flucht an,

held in only by a certain unconscious caution and half-hypnotic fascination. 160.3

die nur durch eine gewisse unbewusste Vorsicht und halb hypnotische Faszination aufrechterhalten wurde.

160.4 And to make matters worse, there now flashed forth from the lofty cupola of the Gilman House, which loomed up to the northeast behind me, a series of analogous though differently spaced gleams which could be nothing less than an answering signal.
Und zu allem Überfluss blitzte jetzt von der hohen Kuppel des Gilman-Hauses, das sich hinter mir im Nordosten erhob, eine Reihe ähnlicher, wenn auch unterschiedlich verteilter Lichtblitze auf, die nichts anderes als ein Antwortsignal sein konnten.

161.1 I now bent to the left around the ruinous green; still gazing toward the ocean as it blazed in the spectral summer moonlight, and watching the cryptical flashing of those nameless, unexplainable beacons.
Ich beugte mich nun nach links um das ruinöse Grün herum, den Blick immer noch auf das Meer gerichtet, das im gespenstischen Sommermondlicht leuchtete, und beobachtete das kryptische Blinken jener namenlosen, unerklärlichen Leuchtfeuer.

162.1 It was then that the most horrible impression of all was borne in upon me -
In diesem Moment kam der schrecklichste aller Eindrücke auf mich zu -

162.2 the impression which destroyed my last vestige of self-control and sent me running frantically southward past the yawning black doorways and fishily staring windows of that deserted nightmare street.
der Eindruck, der meinen letzten Rest von Selbstbeherrschung zerstörte und mich verzweifelt nach Süden rennen ließ, vorbei an den gähnenden schwarzen Türen und den fischig starrenden Fenstern dieser verlassenen Alptraumstraße.

For at a closer glance I saw that the moonlit waters between the reef and the shore were far from empty. 162.3
Denn bei näherem Hinsehen sah ich, dass die mondbeschienenen Gewässer zwischen dem Riff und dem Ufer keineswegs leer waren.

They were alive with a teeming horde of shapes swimming inward toward the town! 162.4
Sie waren belebt von einer wimmelnden Horde von Gestalten, die auf die Stadt zu schwammen!

My frantic running ceased before I had covered a block, for at my left I began to hear something like the hue and cry of organized pursuit. 163.1
Mein rasender Lauf hörte auf, bevor ich einen Häuserblock zurückgelegt hatte, denn zu meiner Linken hörte ich so etwas wie das Geschrei einer organisierten Verfolgung.

There were footsteps and guttural sounds, 163.2
Es waren Schritte und Geräusche zu hören,

and a rattling motor wheezed south along Federal Street. 163.3
und ein rasselnder Motor schnaufte auf der Federal Street nach Süden.

In a second all my plans were utterly changed - 163.4
In einer Sekunde änderten sich alle meine Pläne -

for if the southward highway were blocked ahead of me, 163.5
wenn der Highway nach Süden vor mir blockiert war,

I must clearly find another egress from Innsmouth. 163.6
musste ich natürlich einen anderen Ausgang aus Innsmouth finden.

163.7 I paused and drew into a gaping doorway, reflecting how lucky I was to have left the moonlit open space before these pursuers came down the parallel street.
Ich hielt inne und trat in eine klaffende Türöffnung, wobei ich darüber nachdachte, wie viel Glück ich hatte, den mondbeschienenen Platz verlassen zu können, bevor diese Verfolger die Parallelstraße hinunterkamen.

164.1 Then I thought of the abandoned railway to Rowley, whose solid line of ballasted, weed-grown earth still stretched off to the northwest from the crumbling station on the edge of the river gorge.
Dann dachte ich an die verlassene Eisenbahnstrecke nach Rowley, deren feste Linie aus geschotterter, von Unkraut überwucherter Erde sich noch immer vom verfallenen Bahnhof am Rande der Flussschlucht nach Nordwesten hinzog.

164.2 There was just a chance that the townsfolk would not think of that!
Es bestand nur die Möglichkeit, dass die Städter nicht daran denken würden!

165.1 Drawing inside the hall of my deserted shelter,
Als ich mich in die Halle meines verlassenen Unterschlupfs zurückzog,

165.2 I once more consulted the grocery boy's map with the aid of the flashlight.
sah ich mir mit Hilfe der Taschenlampe noch einmal die Karte des Lebensmittelhändlers an.

The immediate problem was how to reach the ancient railway; and I now saw that the safest course was ahead to Babson Street, then west to Lafayette - 165.3
Das unmittelbare Problem war, wie ich die alte Eisenbahnlinie erreichen konnte, und ich sah nun, dass der sicherste Weg geradeaus zur Babson Street führte, dann westlich zur Lafayette -

there edging around but not crossing an open space homologous to the one I had traversed - 165.4
wobei ich eine Freifläche umging, aber nicht überquerte, die derjenigen glich, die ich durchquert hatte -

and subsequently back northward and westward in zigzagging line through Lafayette, Bates, Adams, and Banks Streets - 165.5
und anschließend in nördlicher und westlicher Richtung im Zickzack durch die Lafayette, die Bates, die Adams und die Banks Street -

the latter skirting the river gorge - 165.6
letztere führte an der Flussschlucht vorbei -

to the abandoned and dilapidated station I had seen from my window. 165.7
zu dem verlassenen und verfallenen Bahnhof, den ich von meinem Fenster aus gesehen hatte.

My reason for going ahead to Babson was that I wished neither to re-cross the earlier open space nor to begin my westward course along a cross street as broad as South. 165.8
Der Grund dafür, dass ich weiter nach Babson ging, war, dass ich weder die frühere Freifläche erneut überqueren noch meinen Weg nach Westen entlang einer Querstraße beginnen wollte, die so breit wie die South war.

165.9 I crossed the street to the right-hand side in order to edge around into Babson as inconspicuously as possible.
Ich überquerte die Straße auf der rechten Seite, um so unauffällig wie möglich in Babson einbiegen zu können.

166.1 In Babson Street I clung as closely as possible to the sagging,
In der Babson Street klammerte ich mich so eng wie möglich an die herunterhängenden,

166.2 uneven buildings;
unebenen Gebäude;

166.3 twice pausing in a doorway as the noises behind me momentarily increased.
zweimal hielt ich in einer Türöffnung inne, als die Geräusche hinter mir kurzzeitig zunahmen.

166.4 The open space ahead shone wide and desolate under the moon, but my route would not force me to cross it.
Der offene Raum vor mir leuchtete weit und trostlos im Mondlicht, aber mein Weg würde mich nicht zwingen, ihn zu überqueren.

166.5 During my second pause I began to detect a fresh distribution of the vague sounds; and upon looking cautiously out from cover beheld a motor car darting across the open space, bound outward along Eliot Street.
Während meiner zweiten Pause fing ich an, eine erneute Verbreitung der vagen Geräusche wahrzunehmen, und als ich vorsichtig aus der Deckung schaute, sah ich ein Auto über die offene Fläche sausen, das die Eliot Street entlang nach außen fuhr.

As I watched — choked by a sudden rise in the fishy odor after a short abatement — I saw a band of uncouth, crouching shapes loping and shambling in the same direction; and knew that this must be the party guarding the Ipswich road, since that highway forms an extension of Eliot Street. 167.1

Als ich, aufgeschreckt durch eine plötzliche Zunahme des Fischgeruchs nach einer kurzen Verschnaufpause, zusah, erblickte ich eine Gruppe unförmiger, geduckter Gestalten, die in dieselbe Richtung schlenderten, und ich wusste, dass es sich dabei um die Gruppe handeln musste, die die Ipswich Road bewachte, da diese Straße eine Verlängerung der Eliot Street war.

Two of the figures I glimpsed were in voluminous robes, and one wore a peaked diadem which glistened whitely in the moonlight. 167.2

Zwei der Gestalten, die ich erblickte, trugen voluminöse Gewänder, und eine trug ein spitzes Diadem, das im Mondlicht weiß schimmerte.

The gait of this figure was so odd that it sent a chill through me — for it seemed to me the creature was almost hopping. 167.3

Der Gang dieser Gestalt war so seltsam, dass mir ein Schauer über den Rücken lief, denn es schien mir, als würde die Kreatur fast hüpfen.

When the last of the band was out of sight I resumed my progress; darting around the corner into Lafayette Street, and crossing Eliot very hurriedly lest stragglers of the party be still advancing along that thoroughfare. 168.1

Als die letzte Gruppe außer Sichtweite war, setzte ich meinen Weg fort, bog um die Ecke in die Lafayette Street ein und überquerte eilig die Eliot Street, um zu verhindern, dass sich noch Nachzügler der Gruppe auf dieser Straße befanden.

168.2 I did hear some croaking and clattering sounds far off toward Town Square,
Ich hörte einige krächzende und klappernde Geräusche in der Ferne in Richtung Town Square,

168.3 but accomplished the passage without disaster.
aber ich schaffte die Passage ohne Katastrophe.

168.4 My greatest dread was in re-crossing broad and moonlit South Street — with its seaward view — and I had to nerve myself for the ordeal.
Am meisten fürchtete ich mich vor der erneuten Überquerung der breiten, mondbeschienenen South Street mit ihrer Aussicht auf das Meer, und ich musste mich auf diese Tortur vorbereiten.

168.5 Someone might easily be looking,
Jemand konnte mich leicht beobachten,

168.6 and possible Eliot Street stragglers could not fail to glimpse me from either of two points.
und mögliche Nachzügler aus der Eliot Street konnten mich von zwei Punkten aus sehen.

168.7 At the last moment I decided I had better slacken my trot and make the crossing as before in the shambling gait of an average Innsmouth native.
Im letzten Moment entschied ich mich, meinen Trab zu verlangsamen und die Überquerung wie zuvor in der watschelnden Gangart eines durchschnittlichen Innsmouthers vorzunehmen.

I had not quite crossed the street when I heard a muttering band advancing along Washington from the north. 169.1

Ich hatte die Straße noch nicht ganz überquert, als ich eine murmelnde Gruppe hörte, die von Norden her auf Washington zuging.

As they reached the broad open space where I had had my first disquieting glimpse of the moonlit water I could see them plainly only a block away - 169.2

Als sie die weite Freifläche erreichten, auf der ich den ersten beunruhigenden Blick auf das mondbeschienene Wasser erhascht hatte, konnte ich sie nur einen Häuserblock entfernt deutlich sehen -

and was horrified by the bestial abnormality of their faces and the dog-like sub-humanness of their crouching gait. 169.3

und war entsetzt über die bestialische Abnormität ihrer Gesichter und die hundeartige Unmenschlichkeit ihres geduckten Gangs.

One man moved in a positively simian way, with long arms frequently touching the ground; while another figure - 169.4

Ein Mann bewegte sich geradezu affenartig, mit langen Armen, die häufig den Boden berührten, während eine andere Gestalt -

robed and tiaraed - 169.5

mit Gewand und Tiara -

seemed to progress in an almost hopping fashion. 169.6

fast hüpfend voranzukommen schien.

169.7 I judged this party to be the one I had seen in the Gilman's courtyard — the one, therefore, most closely on my trail.

Ich hielt diese Gruppe für diejenige, die ich im Hof der Gilmans gesehen hatte und die mir daher am nächsten war.

169.8 As some of the figures turned to look in my direction I was transfixed with fright, yet managed to preserve the casual, shambling gait I had assumed.

Als sich einige der Gestalten umdrehten und in meine Richtung blickten, war ich wie erstarrt vor Schreck, doch es gelang mir, den lässigen, schlendernden Gang beizubehalten, den ich angenommen hatte.

169.9 To this day I do not know whether they saw me or not.

Bis heute weiß ich nicht, ob sie mich gesehen haben oder nicht.

169.10 If they did, my stratagem must have deceived them, for they passed on across the moonlit space without varying their course -

Wenn ja, muss meine List sie getäuscht haben, denn sie zogen weiter durch den mondbeschienenen Raum, ohne ihren Kurs zu ändern -

169.11 meanwhile croaking and jabbering in some hateful guttural patois I could not identify.

und krächzten und plapperten dabei in einem hasserfüllten Kehlkopfpatois, den ich nicht identifizieren konnte.

Once more in shadow, I resumed my former dog-trot past the leaning and decrepit houses that stared blankly into the night. 170.1

Wieder im Schatten, nahm ich meinen früheren Hundeschritt wieder auf, vorbei an den schiefen und baufälligen Häusern, die leer in die Nacht starrten.

Having crossed to the western sidewalk I rounded the nearest corner into Bates Street, where I kept close to the buildings on the southern side. 170.2

Nachdem ich den westlichen Bürgersteig überquert hatte, bog ich um die nächste Ecke in die Bates Street ein, wo ich mich dicht an den Gebäuden auf der Südseite hielt.

At last I saw the ancient arcaded station - 170.3

Endlich sah ich den alten Arkadenbahnhof -

or what was left of it - 170.4

oder das, was davon übrig war -

and made directly for the tracks that started from its farther end. 170.5

und ging direkt auf die Gleise zu, die an seinem anderen Ende begannen.

The rails were rusty but mainly intact, and not more than half the ties had rotted away. 171.1

Die Schienen waren verrostet, aber größtenteils intakt, und nicht mehr als die Hälfte der Schwellen war verrottet.

Walking or running on such a surface was very difficult; but I did my best, and on the whole made very fair time. 171.2

Es war sehr schwierig, auf einem solchen Untergrund zu gehen oder zu laufen, aber ich tat mein Bestes und kam im Großen und Ganzen sehr gut voran.

171.3 For some distance the line kept on along the gorge's brink, but at length I reached the long covered bridge where it crossed the chasm at a dizzy height.
Ein Stück weit führte die Strecke am Rand der Schlucht entlang, aber schließlich erreichte ich die lange überdachte Brücke, die die Schlucht in schwindelerregender Höhe überquerte.

171.4 The condition of this bridge would determine my next step.
Der Zustand dieser Brücke würde über meinen nächsten Schritt entscheiden.

171.5 If humanly possible, I would use it;
Wenn es menschlich möglich war, würde ich sie benutzen;

171.6 if not,
wenn nicht,

171.7 I would have to risk more street wandering and take the nearest intact highway bridge.
würde ich eine weitere Straßenwanderung riskieren und die nächste intakte Autobahnbrücke nehmen müssen.

172.1 The vast, barnlike length of the old bridge gleamed spectrally in the moonlight and I saw that the ties were safe for at least a few feet within.
Die riesige, scheunenartige Länge der alten Brücke schimmerte gespenstisch im Mondlicht, und ich sah, dass die Schwellen zumindest ein paar Meter weit sicher waren.

Entering, I began to use my flashlight, and was 172.2
almost knocked down by the cloud of bats that flapped past me.

Als ich die Brücke betrat, begann ich, meine Taschenlampe zu benutzen, und wurde von der Wolke von Fledermäusen, die an mir vorbeiflog, fast umgeworfen.

About halfway across there was a perilous gap in the 172.3
ties which I feared for a moment would halt me;

Ungefähr auf halber Strecke klaffte eine gefährliche Lücke in den Schwellen, von der ich für einen Moment befürchtete, dass sie mich aufhalten würde;

but in the end I risked a desperate jump which 172.4
fortunately succeeded.

aber schließlich riskierte ich einen verzweifelten Sprung, der glücklicherweise gelang.

I was glad to see the moonlight again when I 173.1
emerged from that macabre tunnel.

Ich war froh, wieder das Mondlicht zu sehen, als ich aus diesem makabren Tunnel herauskam.

The old tracks crossed River Street at a grade, 173.2

Die alten Gleise kreuzten die River Street an einer Steigung und bogen sofort in eine Gegend ab,

and at once veered off into a region increasingly 173.3
rural and with less and less of Innsmouth's abhorrent fishy odor.

die immer ländlicher wurde und immer weniger von dem widerlichen Fischgeruch Innsmouths aufwies.

173.4 Here the dense growth of weeds and briers hindered me and cruelly tore my clothes, but I was none the less glad that they were there to give me concealment in case of peril.

Hier behinderte mich der dichte Bewuchs von Unkraut und Gestrüpp und zerrte grausam an meinen Kleidern, aber ich war trotzdem froh, dass sie mir im Falle einer Gefahr Schutz boten.

173.5 I knew that much of my route must be visible from the Rowley road.

Ich wusste, dass ein großer Teil meines Weges von der Rowley-Straße aus sichtbar sein musste.

174.1 The marshy region began very shortly, with the single track on a low, grassy embankment.

Das sumpfige Gebiet begann in Kürze mit der einspurigen Strecke auf einer niedrigen, grasbewachsenen Böschung.

174.2 Then came a sort of island of higher ground, where the line passed through a shallow open cut choked with bushes and brambles.

Dann kam eine Art Insel auf höherem Boden, wo die Strecke durch einen flachen offenen Einschnitt führte, der mit Büschen und Brombeeren zugewachsen war.

174.3 I was very glad of this partial shelter,

Ich war sehr froh über diesen teilweisen Schutz,

174.4 since at this point the Rowley road was uncomfortably near according to my window view.

denn an dieser Stelle war die Rowley-Straße meinem Blick aus dem Fenster zufolge unangenehm nahe.

175.1 Just before entering the cut I glanced behind me,

Kurz vor dem Einschnitt blickte ich hinter mich,

but saw no pursuer. 175.2
sah aber keinen Verfolger.

The ancient spires and roofs of decaying Innsmouth gleamed lovely and ethereal in the magic yellow moonlight, and I thought of how they must have looked in the old days before the shadow fell. 175.3
Die alten Türme und Dächer des verfallenen Innsmouth schimmerten lieblich und ätherisch im magischen gelben Mondlicht, und ich dachte daran, wie sie in den alten Tagen ausgesehen haben mussten, bevor der Schatten fiel.

Then, as my gaze circled inland from the town, something less tranquil arrested my notice and held me immobile for a second. 175.4
Dann, als mein Blick von der Stadt landeinwärts kreiste, fiel mir etwas weniger Ruhiges auf und ließ mich für eine Sekunde erstarren.

What I saw - or fancied I saw - 176.1
Was ich sah - oder zu sehen glaubte -

was a disturbing suggestion of undulant motion far to the south; 176.2
war eine beunruhigende Andeutung von unaufhaltsamer Bewegung weit im Süden;

a suggestion which made me conclude that a very large horde must be pouring out of the city along the level Ipswich road. 176.3
eine Andeutung, die mich zu dem Schluss kommen ließ, dass eine sehr große Horde aus der Stadt entlang der ebenen Ipswich-Straße strömen musste.

The distance was great, 176.4
Die Entfernung war groß,

176.5 and I could distinguish nothing in detail;
und ich konnte nichts Genaues erkennen;

176.6 but I did not at all like the look of that moving column.
aber das Aussehen dieser sich bewegenden Kolonne gefiel mir ganz und gar nicht.

177.1 All sorts of unpleasant conjectures crossed my mind.
Alle möglichen unangenehmen Mutmaßungen gingen mir durch den Kopf.

177.2 I thought of those very extreme Innsmouth types said to be hidden in crumbling, centuried warrens near the waterfront.
Ich dachte an diese extremen Typen aus Innsmouth, die sich in den verfallenen, jahrhundertealten Verstecken in der Nähe des Wassers verstecken sollten.

177.3 I thought, too, of those nameless swimmers I had seen.
Ich dachte auch an die namenlosen Schwimmer, die ich gesehen hatte.

177.4 Counting the parties so far glimpsed, as well as those presumably covering other roads, the number of my pursuers must be strangely large for a town as depopulated as Innsmouth.
Zählt man die bisher gesichteten Gruppen und die, die sich vermutlich auf anderen Straßen aufhielten, so muss die Zahl meiner Verfolger für eine so entvölkerte Stadt wie Innsmouth seltsam groß sein.

178.1 Who were they? Why were they here?
Wer waren sie? Warum waren sie hier?

And if such a column of them was scouring the Ipswich road, 178.2
Und wenn eine solche Kolonne von ihnen die Straße von Ipswich durchkämmte,

would the patrols on the other roads be likewise augmented? 178.3
würden dann die Patrouillen auf den anderen Straßen ebenfalls verstärkt werden?

I had entered the brush-grown cut and was struggling along at a very slow pace when that damnable fishy odor again waxed dominant. 179.1
Ich hatte den bürstenbewachsenen Schnitt betreten und kämpfte mich sehr langsam voran, als dieser verdammte Fischgeruch wieder die Oberhand gewann.

There were sounds, too - 179.2
Es gab auch Geräusche -

a kind of wholesale, 179.3
eine Art kolossales Platschen oder Prasseln,

colossal flopping or pattering which somehow called up images of the most detestable sort. 179.4
das irgendwie Bilder der abscheulichsten Art hervorrief.

And then both stench and sounds grew stronger, 180.1
Und dann wurden sowohl der Gestank als auch die Geräusche stärker,

so that I paused shivering and grateful for the cut's protection. 180.2
so dass ich fröstelnd und dankbar für den Schutz durch den Einschnitt innehielt.

180.3 It was here, I recalled, that the Rowley road drew so close to the old railway before crossing westward and diverging.
Hier, so erinnerte ich mich, verlief die Rowley-Straße so nahe an der alten Eisenbahnlinie, bevor sie nach Westen abzweigte und eine andere Richtung einschlug.

180.4 Something was coming along that road, and I must lie low till its passage and vanishment in the distance.
Irgendetwas kam auf dieser Straße, und ich musste mich verstecken, bis es vorbei war und in der Ferne verschwand.

180.5 Crouched in the bushes of that sandy cleft I felt reasonably safe, even though I knew the searchers would have to cross the track in front of me not much more than a hundred yards away.
Im Gebüsch der sandigen Kluft kauernd fühlte ich mich einigermaßen sicher, obwohl ich wusste, dass die Suchenden den Weg vor mir überqueren mussten, der nicht viel weiter als hundert Meter entfernt war.

180.6 I would be able to see them, but they could not, except by a malign miracle, see me.
Ich würde sie sehen können, aber sie konnten mich nicht sehen, es sei denn, es geschah ein böses Wunder.

181.1 All at once I began dreading to look at them as they passed.
Mit einem Mal fürchtete ich mich davor, sie zu sehen, wenn sie vorbeifuhren.

I saw the close moonlit space where they would surge by, and had curious thoughts about the irredeemable pollution of that space. 181.2
Ich sah den engen, mondbeschienenen Raum, an dem sie vorbeiziehen würden, und hatte seltsame Gedanken über die unauslöschliche Verschmutzung dieses Raums.

They would perhaps be the worst of all Innsmouth types - 181.3
Sie würden vielleicht die schlimmsten aller Innsmouth-Typen sein -

something one would not care to remember. 181.4
etwas, an das man sich nicht erinnern wollte.

The stench waxed overpowering, and the noises swelled to a bestial babel of croaking, baying, and barking, without the least suggestion of human speech. 182.1
Der Gestank wurde immer penetranter, und die Geräusche schwollen zu einem bestialischen Gekrächze, Gebell und Gebell an, ohne den geringsten Anflug von menschlicher Sprache.

Were these indeed the voices of my pursuers? 182.2
Waren das wirklich die Stimmen meiner Verfolger?

That flopping or pattering was monstrous - 182.3
Dieses Gezappel oder Getrappel war ungeheuerlich -

I could not look upon the degenerate creatures responsible for it. 182.4
ich konnte die degenerierten Kreaturen, die dafür verantwortlich waren, nicht ansehen.

182.5 I would keep my eyes shut till the sounds receded toward the west.
Ich würde meine Augen geschlossen halten, bis die Geräusche in Richtung Westen verschwanden.

182.6 The horde was very close now -
Die Horde war jetzt sehr nahe -

182.7 the air foul with their hoarse snarlings, and the ground almost shaking with their alien-rhythmed footfalls.
die Luft war von ihrem heiseren Knurren verpestet, und der Boden bebte fast von ihren fremdartigen, rhythmischen Schritten.

182.8 My breath nearly ceased to come, and I put every ounce of will-power into the task of holding my eyelids down.
Mir stockte fast der Atem, und ich setzte alle Willenskraft ein, um meine Augenlider geschlossen zu halten.

183.1 I am not even yet willing to say whether what followed was a hideous actuality or only a nightmare hallucination.
Ich bin noch nicht einmal bereit zu sagen, ob das, was folgte, eine schreckliche Realität oder nur eine Albtraumhalluzination war.

183.2 The later action of the government, after my frantic appeals, would tend to confirm it as a monstrous truth;
Das spätere Vorgehen der Regierung nach meinen verzweifelten Appellen würde dazu tendieren, es als eine monströse Wahrheit zu bestätigen;

but could not an hallucination have been repeated under the quasi-hypnotic spell of that ancient, haunted, and shadowed town? 183.3
aber könnte nicht eine Halluzination unter dem quasi-hypnotischen Zauber dieser alten, heimgesuchten und schattigen Stadt wiederholt worden sein?

But I must try to tell what I thought I saw that night under the mocking yellow moon - 184.1
Aber ich muss versuchen zu erzählen, was ich in jener Nacht unter dem spöttischen gelben Mond zu sehen glaubte -

saw surging and hopping down the Rowley road in plain sight in front of me as I crouched among the wild brambles of that desolate railway cut. 184.2
eine Säge, die die Rowley Road hinunterhüpfte, direkt vor meinen Augen, als ich zwischen den wilden Brombeersträuchern dieser trostlosen Eisenbahnstrecke kauerte.

Of course my resolution to keep my eyes shut had failed. 184.3
Natürlich war mein Vorsatz, die Augen geschlossen zu halten, gescheitert.

It was foredoomed to failure — for who could crouch blindly while a legion of croaking, baying entities of unknown source flopped noisomely past, scarcely more than a hundred yards away? 184.4
Er war zum Scheitern verurteilt, denn wer könnte sich blindlings hinhocken, während eine Legion krächzender, bellender Wesen unbekannter Herkunft kaum mehr als hundert Meter entfernt geräuschvoll vorbeizieht?

185.1 For I knew that a long section of them must be plainly in sight where the sides of the cut flattened out and the road crossed the track — and I could no longer keep myself from sampling whatever horror that leering yellow moon might have to show.
Denn ich wusste, dass ein langes Stück von ihnen deutlich zu sehen sein musste, wo die Seiten des Einschnitts abflachten und die Straße den Weg kreuzte, und ich konnte mich nicht länger zurückhalten, das Grauen zu probieren, das der grelle gelbe Mond zu zeigen hatte.

186.1 It was the end, for whatever remains to me of life on the surface of this earth, of every vestige of mental peace and confidence in the integrity of nature and of the human mind.
Es war das Ende für alles, was mir vom Leben auf der Oberfläche dieser Erde geblieben ist, für jeden Rest von geistigem Frieden und Vertrauen in die Integrität der Natur und des menschlichen Geistes.

186.2 Can it be possible that this planet has actually spawned such things;
Kann es möglich sein, dass dieser Planet tatsächlich solche Dinge hervorgebracht hat;

186.3 that human eyes have truly seen, as objective flesh, what man has hitherto known only in febrile phantasy and tenuous legend?
dass menschliche Augen wirklich, als objektives Fleisch, gesehen haben, was der Mensch bisher nur in fieberhafter Phantasie und dürftiger Legende gekannt hat?

187.1 And yet I saw them in a limitless stream -
Und doch sah ich sie in einem grenzenlosen Strom -

187.2 flopping, hopping, croaking, bleating -
hüpfend, hüpfend, krächzend, blökend -

surging inhumanly through the spectral moonlight in a grotesque, malignant saraband of fantastic nightmare. 187.3

unmenschlich durch das gespenstische Mondlicht wogend, in einem grotesken, bösartigen Saraband des fantastischen Alptraums.

And some of them had tall tiaras of that nameless whitish-gold metal … 187.4

Und einige von ihnen trugen hohe Diademe aus jenem namenlosen weißgoldenen Metall …

and some were strangely robed … 187.5

und einige waren seltsam gekleidet …

and one, who led the way, was clad in a ghoulishly humped black coat and striped trousers, and had a man's felt hat perched on the shapeless thing that answered for a head … 187.6

und einer, der den Weg anführte, war in einen schaurig buckligen schwarzen Mantel und eine gestreifte Hose gekleidet und hatte einen Männerfilzhut auf dem unförmigen Ding, das für einen Kopf stand …

I think their predominant color was a grayish-green, though they had white bellies. 188.1

Ich glaube, ihre vorherrschende Farbe war ein graugrün, obwohl sie weiße Bäuche hatten.

They were mostly shiny and slippery, 188.2

Sie waren meist glänzend und glitschig,

but the ridges of their backs were scaly. 188.3

aber die Grate auf ihrem Rücken waren schuppig.

188.4 Their forms vaguely suggested the anthropoid, while their heads were the heads of fish, with prodigious bulging eyes that never closed.
Ihre Formen erinnerten vage an Anthropoiden, während ihre Köpfe wie Fischköpfe aussahen, mit riesigen, wulstigen Augen, die sich nie schlossen.

188.5 At the sides of their necks were palpitating gills,
An den Seiten ihres Halses befanden sich pulsierende Kiemen,

188.6 and their long paws were webbed.
und ihre langen Pfoten waren mit Schwimmhäuten versehen.

188.7 They hopped irregularly,
Sie hüpften unregelmäßig,

188.8 sometimes on two legs and sometimes on four.
manchmal auf zwei und manchmal auf vier Beinen.

188.9 I was somehow glad that they had no more than four limbs.
Ich war irgendwie froh, dass sie nicht mehr als vier Gliedmaßen hatten.

188.10 Their croaking, baying voices, clearly used for articulate speech, held all the dark shades of expression which their staring faces lacked.
Ihre krächzenden, bellenden Stimmen, die eindeutig der artikulierten Sprache dienten, enthielten all die dunklen Schattierungen des Ausdrucks, die ihren starren Gesichtern fehlten.

189.1 But for all of their monstrousness they were not unfamiliar to me.
Aber trotz ihrer Ungeheuerlichkeit waren sie mir nicht fremd.

I knew too well what they must be - 189.2
Ich wusste nur zu gut, was sie sein mussten -

for was not the memory of that evil tiara at Newburyport still fresh? 189.3
war die Erinnerung an das böse Diadem in Newburyport nicht noch frisch?

They were the blasphemous fish-frogs of the nameless design - 189.4
Es waren die gotteslästerlichen Fischfrösche des namenlosen Designs -

living and horrible - 189.5
lebendig und schrecklich -

and as I saw them I knew also of what that humped, tiaraed priest in the black church basement had so fearsomely reminded me. 189.6
und als ich sie sah, wusste ich auch, woran mich der bucklige, mit einem Diadem versehene Priester in dem schwarzen Kirchenkeller so furchterregend erinnert hatte.

Their number was past guessing. 189.7
Ihre Zahl war nicht mehr zu erraten.

It seemed to me that there were limitless swarms of them - 189.8
Es schien mir, als gäbe es grenzenlose Schwärme von ihnen -

and certainly my momentary glimpse could have shown only the least fraction. 189.9
und sicherlich konnte mein flüchtiger Blick nur einen Bruchteil zeigen.

189.10 In another instant everything was blotted out by a merciful fit of fainting; the first I had ever had.
In einem anderen Augenblick wurde alles durch einen gnädigen Ohnmachtsanfall ausgelöscht, den ersten, den ich je hatte.

— V —

192.1 It was a gentle daylight rain that awaked me from my stupor in the brush-grown railway cut, and when I staggered out to the roadway ahead I saw no trace of any prints in the fresh mud.
Es war ein sanfter Regen am Tag, der mich aus meiner Benommenheit in der mit Gestrüpp bewachsenen Eisenbahnschneise weckte, und als ich auf die Fahrbahn vor mir taumelte, sah ich keine Spur von Abdrücken in dem frischen Schlamm.

192.2 Innsmouth's ruined roofs and toppling steeples loomed up grayly toward the southeast,
Die zerstörten Dächer und umgestürzten Kirchtürme von Innsmouth ragten grau in Richtung Südosten auf,

192.3 but not a living creature did I spy in all the desolate salt marshes around.
aber in all den trostlosen Salzwiesen ringsum konnte ich kein einziges Lebewesen entdecken.

192.4 My watch was still going,
Meine Uhr ging weiter und sagte mir,

and told me that the hour was past noon. 192.5
dass es bereits nach Mittag war.

The reality of what I had been through was highly 193.1
uncertain in my mind, but I felt that something hideous lay in the background.
Die Realität dessen, was ich erlebt hatte, war in meinem Kopf höchst ungewiss, aber ich spürte, dass etwas Schreckliches im Hintergrund lag.

I must get away from evil-shadowed Innsmouth - 193.2
Ich musste weg vom bösen Innsmouth -

and accordingly I began to test my cramped, wearied 193.3
powers of locomotion.
und so begann ich, meine verkrampften, erschöpften Kräfte der Fortbewegung zu testen.

Despite weakness, hunger, horror, and 193.4
bewilderment I found myself after a time able to walk; so started slowly along the muddy road to Rowley.
Trotz Schwäche, Hunger, Entsetzen und Verwirrung war ich nach einiger Zeit in der Lage zu gehen, und so machte ich mich langsam auf den schlammigen Weg nach Rowley.

Before evening I was in the village, 193.5
Noch vor dem Abend war ich im Dorf,

getting a meal and providing myself with 193.6
presentable clothes.
bekam eine Mahlzeit und versorgte mich mit ansehnlicher Kleidung.

193.7 I caught the night train to Arkham,
Ich nahm den Nachtzug nach Arkham und führte am nächsten Tag ein langes und ernsthaftes Gespräch mit den dortigen Regierungsbeamten,

193.8 and the next day talked long and earnestly with government officials there; a process I later repeated in Boston.
das ich später in Boston wiederholte.

193.9 With the main result of these colloquies the public is now familiar -
Das Hauptergebnis dieser Gespräche ist der Öffentlichkeit nun bekannt -

193.10 and I wish, for normality's sake, there were nothing more to tell.
und ich wünschte, es gäbe um der Normalität willen nichts mehr zu erzählen.

193.11 Perhaps it is madness that is overtaking me -
Vielleicht ist es der Wahnsinn, der mich überkommt -

193.12 yet perhaps a greater horror -
vielleicht ist es aber auch ein größeres Grauen -

193.13 or a greater marvel - is reaching out.
oder ein größeres Wunder - das nach mir greift.

194.1 I dared not look for that piece of strange jewelry said to be in the Miskatonic University Museum.
Ich wagte nicht, nach dem seltsamen Schmuckstück zu suchen, das sich angeblich im Museum der Miskatonic University befindet.

I did, however, improve my stay in Arkham by collecting some genealogical notes I had long wished to possess; 194.2
Ich verbesserte jedoch meinen Aufenthalt in Arkham, indem ich einige genealogische Aufzeichnungen sammelte, die ich schon lange besitzen wollte;

very rough and hasty data, it is true, but capable of good use later on when I might have time to collate and codify them. 194.3
es sind zwar sehr grobe und hastige Daten, aber sie werden mir später von Nutzen sein, wenn ich Zeit habe, sie zusammenzustellen und zu kodifizieren.

The curator of the historical society there — Mr. E. Lapham Peabody — was very courteous about assisting me, and expressed unusual interest when I told him I was a grandson of Eliza Orne of Arkham, who was born in 1867 and had married James Williamson of Ohio at the age of seventeen. 194.4
Der Kurator der dortigen historischen Gesellschaft, Herr E. Lapham Peabody, war sehr zuvorkommend, mir zu helfen, und zeigte ungewöhnliches Interesse, als ich ihm erzählte, dass ich ein Enkel von Eliza Orne aus Arkham bin, die 1867 geboren wurde und im Alter von siebzehn Jahren James Williamson aus Ohio geheiratet hatte.

It seemed that a maternal uncle of mine had been there many years before on a quest much like my own; and that my grandmother's family was a topic of some local curiosity. 195.1
Es schien, dass ein Onkel mütterlicherseits viele Jahre zuvor auf einer ähnlichen Suche gewesen war wie ich, und dass die Familie meiner Großmutter ein Thema von einiger lokaler Neugierde war.

195.2 There had, Mr. Peabody said, been considerable discussion about the marriage of her father, Benjamin Orne, just after the Civil War; since the ancestry of the bride was peculiarly puzzling.
Mr. Peabody sagte, es habe erhebliche Diskussionen über die Heirat ihres Vaters, Benjamin Orne, kurz nach dem Bürgerkrieg gegeben, da die Abstammung der Braut besonders rätselhaft gewesen sei.

195.3 That bride was understood to have been an orphaned Marsh of New Hampshire -
Es hieß, die Braut sei eine Waise aus New Hampshire gewesen -

195.4 a cousin of the Essex County Marshes -
eine Cousine der Essex County Marshes -

195.5 but her education had been in France and she knew very little of her family.
aber sie war in Frankreich ausgebildet worden und wusste nur wenig über ihre Familie.

195.6 A guardian had deposited funds in a Boston bank to maintain her and her French governess;
Ein Vormund hatte in einer Bostoner Bank Geld hinterlegt, um sie und ihre französische Gouvernante zu unterhalten;

195.7 but that guardian's name was unfamiliar to Arkham people, and in time he dropped out of sight, so that the governess assumed his role by court appointment.
aber der Name dieses Vormunds war den Leuten in Arkham unbekannt, und mit der Zeit verschwand er aus dem Blickfeld, so dass die Gouvernante seine Rolle durch gerichtliche Ernennung übernahm.

195.8 The French-woman - now long dead -
Die Französin - inzwischen längst tot -

was very taciturn, and there were those who said she could have told more than she did. 195.9

war sehr wortkarg, und es gab Leute, die meinten, sie hätte mehr erzählen können, als sie tat.

But the most baffling thing was the inability of anyone to place the recorded parents of the young woman - 196.1

Am verwirrendsten war jedoch, dass niemand die Eltern der jungen Frau -

Enoch and Lydia (Meserve) Marsh - 196.2

Enoch und Lydia (Meserve) Marsh -

among the known families of New Hampshire. 196.3

unter den bekannten Familien von New Hampshire ausmachen konnte.

Possibly, many suggested, she was the natural daughter of some Marsh of prominence - 196.4

Möglicherweise, so vermuteten viele, war sie die leibliche Tochter eines prominenten Marsh -

she certainly had the true Marsh eyes. 196.5

sie hatte mit Sicherheit die echten Marsh-Augen.

Most of the puzzling was done after her early death, 196.6

Das meiste Rätselraten gab es nach ihrem frühen Tod,

which took place at the birth of my grandmother — her only child. 196.7

der bei der Geburt meiner Großmutter - ihrem einzigen Kind - eintrat.

196.8 Having formed some disagreeable impressions connected with the name of Marsh, I did not welcome the news that it belonged on my own ancestral tree;

Da ich einige unangenehme Eindrücke im Zusammenhang mit dem Namen Marsh gewonnen hatte, war ich nicht erfreut über die Nachricht, dass dieser Name in meinem eigenen Stammbaum vorkommt;

196.9 nor was I pleased by Mr. Peabody's suggestion that I had the true Marsh eyes myself.

auch war ich nicht erfreut über Mr. Peabodys Vorschlag, dass ich selbst die echten Marsh-Augen hatte.

196.10 However, I was grateful for data which I knew would prove valuable; and took copious notes and lists of book references regarding the well-documented Orne family.

Ich war jedoch dankbar für die Daten, von denen ich wusste, dass sie sich als wertvoll erweisen würden, und machte mir zahlreiche Notizen und Listen mit Buchverweisen auf die gut dokumentierte Familie Orne.

197.1 I went directly home to Toledo from Boston,

Ich kehrte von Boston direkt nach Toledo zurück und verbrachte später einen Monat in Maumee,

197.2 and later spent a month at Maumee recuperating from my ordeal.

um mich von meinen Strapazen zu erholen.

197.3 In September I entered Oberlin for my final year, and from then till the next June was busy with studies and other wholesome activities -

Im September trat ich für mein Abschlussjahr in Oberlin ein und war von da an bis zum nächsten Juni mit Studien und anderen gesunden Aktivitäten beschäftigt -

reminded of the bygone terror only by occasional official visits from government men in connection with the campaign which my pleas and evidence had started. 197.4
nur gelegentliche offizielle Besuche von Regierungsvertretern im Zusammenhang mit der Kampagne, die meine Bitten und Beweise ausgelöst hatten, erinnerten mich an den vergangenen Terror.

Around the middle of July - 197.5
Mitte Juli -

just a year after the Innsmouth experience - 197.6
gerade ein Jahr nach dem Erlebnis in Innsmouth -

I spent a week with my late mother's family in Cleveland; checking some of my new genealogical data with the various notes, traditions, and bits of heirloom material in existence there, and seeing what kind of a connected chart I could construct. 197.7
verbrachte ich eine Woche bei der Familie meiner verstorbenen Mutter in Cleveland, um einige meiner neuen genealogischen Daten mit den verschiedenen Aufzeichnungen, Überlieferungen und Erbstücken abzugleichen, die dort vorhanden waren, und um zu sehen, welche Art von zusammenhängendem Diagramm ich erstellen konnte.

I did not exactly relish this task, 198.1
Ich war nicht gerade erfreut über diese Aufgabe,

for the atmosphere of the Williamson home had always depressed me. 198.2
denn die Atmosphäre im Hause Williamson hatte mich immer bedrückt.

198.3 There was a strain of morbidity there, and my mother had never encouraged my visiting her parents as a child, although she always welcomed her father when he came to Toledo.
Dort herrschte ein Hauch von Morbidität, und meine Mutter hatte mich als Kind nie ermutigt, ihre Eltern zu besuchen, obwohl sie ihren Vater immer willkommen hieß, wenn er nach Toledo kam.

198.4 My Arkham-born grandmother had seemed strange and almost terrifying to me, and I do not think I grieved when she disappeared.
Meine in Arkham geborene Großmutter war mir fremd und fast furchterregend vorgekommen, und ich glaube nicht, dass ich traurig war, als sie verschwand.

198.5 I was eight years old then, and it was said that she had wandered off in grief after the suicide of my uncle Douglas, her eldest son.
Ich war damals acht Jahre alt, und es hieß, sie habe sich nach dem Selbstmord meines Onkels Douglas, ihres ältesten Sohnes, in Trauer verirrt.

198.6 He had shot himself after a trip to New England -
Er hatte sich nach einer Reise nach Neuengland erschossen -

198.7 the same trip, no doubt, which had caused him to be recalled at the Arkham Historical Society.
zweifellos dieselbe Reise, die dazu geführt hatte, dass er in die Arkham Historical Society zurückgerufen wurde.

199.1 This uncle had resembled her,
Dieser Onkel hatte ihr geglichen,

199.2 and I had never liked him either.
und ich hatte ihn auch nie gemocht.

Something about the staring, unwinking expression of both of them had given me a vague, unaccountable uneasiness. 199.3
Irgendetwas an dem starrenden, augenlosen Blick der beiden hatte mir ein unbestimmtes, unerklärliches Unbehagen bereitet.

My mother and uncle Walter had not looked like that. 199.4
Meine Mutter und Onkel Walter hatten nicht so ausgesehen.

They were like their father, 199.5
Sie waren wie ihr Vater,

though poor little cousin Lawrence - Walter's son - 199.6
obwohl der arme kleine Cousin Lawrence - Walters Sohn -

had been an almost perfect duplicate of his grandmother before his condition took him to the permanent seclusion of a sanitarium at Canton. 199.7
ein fast perfektes Duplikat seiner Großmutter gewesen war, bevor sein Zustand ihn in die ständige Abgeschiedenheit eines Sanatoriums in Canton brachte.

I had not seen him in four years, but my uncle once implied that his state, both mental and physical, was very bad. 199.8
Ich hatte ihn seit vier Jahren nicht mehr gesehen, aber mein Onkel hatte einmal angedeutet, dass sein Zustand, sowohl geistig als auch körperlich, sehr schlecht war.

This worry had probably been a major cause of his mother's death two years before. 199.9
Diese Sorge war wahrscheinlich eine der Hauptursachen für den Tod seiner Mutter zwei Jahre zuvor gewesen.

200.1 My grandfather and his widowered son Walter now comprised the Cleveland household,
Mein Großvater und sein verwitweter Sohn Walter bildeten nun den Haushalt der Clevelands,

200.2 but the memory of older times hung thickly over it.
aber die Erinnerung an frühere Zeiten lag noch schwer auf ihm.

200.3 I still disliked the place,
Ich mochte den Ort immer noch nicht und versuchte,

200.4 and tried to get my researches done as quickly as possible.
meine Nachforschungen so schnell wie möglich abzuschließen.

200.5 Williamson records and traditions were supplied in abundance by my grandfather;
Aufzeichnungen und Überlieferungen aus Williamson wurden von meinem Großvater in Hülle und Fülle zur Verfügung gestellt;

200.6 though for Orne material I had to depend on my uncle Walter, who put at my disposal the contents of all his files, including notes, letters, cuttings, heirlooms, photographs, and miniatures.
für Material aus Orne musste ich mich jedoch auf meinen Onkel Walter verlassen, der mir den Inhalt all seiner Akten, einschließlich Notizen, Briefe, Ausschnitte, Erbstücke, Fotografien und Miniaturen, zur Verfügung stellte.

It was in going over the letters and pictures on the Orne side that I began to acquire a kind of terror of my own ancestry. 201.1

Als ich die Briefe und Bilder der Orne-Seite durchging, begann ich, eine Art Angst vor meiner eigenen Abstammung zu bekommen.

As I have said, 201.2

Wie ich schon sagte,

my grandmother and uncle Douglas had always disturbed me. 201.3

hatten mich meine Großmutter und mein Onkel Douglas immer beunruhigt.

Now, years after their passing, I gazed at their pictured faces with a measurably heightened feeling of repulsion and alienation. 201.4

Jetzt, Jahre nach ihrem Tod, betrachtete ich ihre abgebildeten Gesichter mit einem messbar gesteigerten Gefühl der Abscheu und Entfremdung.

I could not at first understand the change, but gradually a horrible sort of comparison began to obtrude itself on my unconscious mind despite the steady refusal of my consciousness to admit even the least suspicion of it. 201.5

Ich konnte die Veränderung zunächst nicht verstehen, aber allmählich drängte sich meinem Unterbewusstsein eine schreckliche Art von Vergleich auf, obwohl mein Bewusstsein sich stets weigerte, auch nur den geringsten Verdacht zuzulassen.

201.6 **It was clear that the typical expression of these faces now suggested something it had not suggested before -**

Es war klar, dass der typische Ausdruck dieser Gesichter jetzt auf etwas hindeutete, was er vorher nicht angedeutet hatte -

201.7 **something which would bring stark panic if too openly thought of.**

etwas, das bei zu offenem Denken zu starker Panik führen würde.

202.1 **But the worst shock came when my uncle showed me the Orne jewelry in a downtown safe-deposit vault.**

Aber der größte Schock kam, als mein Onkel mir den Orne-Schmuck in einem Tresorraum in der Innenstadt zeigte.

202.2 **Some of the items were delicate and inspiring enough, but there was one box of strange old pieces descended from my mysterious great-grandmother which my uncle was almost reluctant to produce.**

Einige der Stücke waren zart und inspirierend genug, aber es gab ein Kästchen mit seltsamen alten Stücken, die von meiner mysteriösen Urgroßmutter stammten und die mir mein Onkel nur widerwillig zeigte.

202.3 **They were, he said, of very grotesque and almost repulsive design.**

Sie waren, wie er sagte, von sehr groteskem und fast abstoßendem Design.

As my uncle began slowly and grudgingly to unwrap the things, he urged me not to be shocked by the strangeness and frequent hideousness of the designs. 203.1
Als mein Onkel langsam und widerwillig begann, die Sachen auszupacken, ermahnte er mich, mich nicht von der Seltsamkeit und häufigen Abscheulichkeit der Muster schockieren zu lassen.

There were two armlets, a tiara, and a kind of pectoral; 203.2
Es handelte sich um zwei Armbänder, ein Diadem und eine Art Pektoral;

the latter having in high relief certain figures of almost unbearable extravagance. 203.3
letzteres wies in hohem Relief bestimmte Figuren von fast unerträglicher Extravaganz auf.

He seemed to expect some demonstration when the first piece - 204.1
Er schien eine Demonstration zu erwarten, als das erste Stück -

the tiara - 204.2
das Diadem -

became visible, but I doubt if he expected quite what actually happened. 204.3
sichtbar wurde, aber ich bezweifle, dass er das erwartet hatte, was tatsächlich geschah.

I did not expect it, either, for I thought I was thoroughly forewarned regarding what the jewelry would turn out to be. 204.4
Ich habe es auch nicht erwartet, denn ich dachte, ich wäre gründlich vorgewarnt, was der Schmuck sein würde.

204.5 What I did was to faint silently away just as I had done in that brier-choked railway cut a year before.
Was ich tat, war, stillschweigend in Ohnmacht zu fallen, so wie ich es ein Jahr zuvor in der von Dornen überwucherten Eisenbahnschneise getan hatte.

205.1 From that day on my life has been a nightmare of brooding and apprehension, nor do I know how much is hideous truth and how much madness.
Von diesem Tag an war mein Leben ein Alptraum aus Grübeln und Befürchtungen, und ich weiß nicht, wie viel davon abscheuliche Wahrheit und wie viel Wahnsinn ist.

205.2 My great-grandmother had been a Marsh of unknown source whose husband lived in Arkham -
Meine Urgroßmutter war eine Marsh unbekannter Herkunft, deren Mann in Arkham lebte -

205.3 and did not old Zadok say that the daughter of Obed Marsh by a monstrous mother was married to an Arkham man through a trick?
und hatte nicht der alte Zadok gesagt, dass die Tochter von Obed Marsh von einer monströsen Mutter durch einen Trick mit einem Mann aus Arkham verheiratet wurde?

205.4 What was it the ancient toper had muttered about the likeness of my eyes to Captain Obed's?
Was hatte der alte Topper über die Ähnlichkeit meiner Augen mit denen von Kapitän Obed gemurmelt?

205.5 In Arkham, too, the curator had told me I had the true Marsh eyes.
Auch in Arkham hatte mir der Kurator gesagt, ich hätte die echten Marsh-Augen.

Was Obed Marsh my own great-great-grandfather? 205.6
Who -

War Obed Marsh mein eigener Ur-Ur-Großvater? Wer -

or what - then, was my great-great-grandmother? 205.7

oder was - war dann meine Ururgroßmutter?

But perhaps this was all madness. 205.8

Aber vielleicht war das alles Wahnsinn.

Those whitish-gold ornaments might easily have 205.9
been bought from some Innsmouth sailor by the father of my great-grandmother, whoever he was.

Diese weißgoldenen Ornamente hätte der Vater meiner Urgroßmutter, wer auch immer er war, leicht von einem Seemann aus Innsmouth kaufen können.

And that look in the staring-eyed faces of my 205.10
grandmother and self-slain uncle might be sheer fancy, bolstered up by the Innsmouth shadow which had so darkly colored my imagination.

Und der Blick in den starren Gesichtern meiner Großmutter und meines selbst erschlagenen Onkels könnte reine Einbildung sein, verstärkt durch den Innsmouth-Schatten, der meine Phantasie so dunkel gefärbt hatte.

But why had my uncle killed himself after an 205.11
ancestral quest in New England?

Aber warum hatte sich mein Onkel nach einer Suche nach seinen Vorfahren in Neuengland umgebracht?

For more than two years I fought off these 206.1
reflections with partial success.

Mehr als zwei Jahre lang kämpfte ich gegen diese Überlegungen an, teilweise mit Erfolg.

206.2 My father secured me a place in an insurance office,
Mein Vater verschaffte mir eine Stelle in einem Versicherungsbüro,

206.3 and I buried myself in routine as deeply as possible.
und ich vergrub mich so tief wie möglich in der Routine.

206.4 In the winter of 1930-31, however, the dreams began.
Im Winter 1930/31 begannen jedoch die Träume.

206.5 They were very sparse and insidious at first,
Zunächst waren sie sehr spärlich und heimtückisch,

206.6 but increased in frequency and vividness as the weeks went by.
aber im Laufe der Wochen wurden sie immer häufiger und lebhafter.

206.7 Great watery spaces opened out before me,
Große wässrige Räume taten sich vor mir auf,

206.8 and I seemed to wander through titanic sunken porticos and labyrinths of weedy cyclopean walls and grotesque fishes as my companions.
und ich schien durch titanische versunkene Säulengänge und Labyrinthe mit verkrauteten Zyklopenwänden und grotesken Fischen als meine Begleiter zu wandern.

206.9 Then the other shapes began to appear,
Dann begannen die anderen Gestalten zu erscheinen und erfüllten mich mit namenlosem Schrecken,

206.10 filling me with nameless horror the moment I awoke.
sobald ich erwachte.

But during the dreams they did not horrify me at all - 206.11
Aber während der Träume erschreckten sie mich überhaupt nicht -

I was one with them; 206.12
ich war eins mit ihnen;

wearing their unhuman trappings, treading their aqueous ways, and praying monstrously at their evil sea-bottom temples. 206.13
ich trug ihre unmenschlichen Gewänder, beschritt ihre wässrigen Wege und betete monströs in ihren bösen Tempeln auf dem Meeresgrund.

There was much more than I could remember, but even what I did remember each morning would be enough to stamp me as a madman or a genius if ever I dared write it down. 207.1
Es gab noch viel mehr, an das ich mich nicht erinnern konnte, aber selbst das, woran ich mich jeden Morgen erinnerte, würde ausreichen, um mich als Verrückten oder als Genie abzustempeln, wenn ich es jemals wagte, es aufzuschreiben.

Some frightful influence, I felt, was seeking gradually to drag me out of the sane world of wholesome life into unnameable abysses of blackness and alienage; and the process told heavily on me. 207.2
Ich hatte das Gefühl, dass ein schrecklicher Einfluss versuchte, mich allmählich aus der gesunden Welt des gesunden Lebens in unbenennbare Abgründe der Schwärze und Entfremdung zu ziehen, und dieser Prozess machte mir schwer zu schaffen.

207.3 My health and appearance grew steadily worse, till finally I was forced to give up my position and adopt the static, secluded life of an invalid.
Meine Gesundheit und mein Aussehen verschlechterten sich immer mehr, bis ich schließlich gezwungen war, meine Stellung aufzugeben und das statische, zurückgezogene Leben eines Invaliden anzunehmen.

207.4 Some odd nervous affliction had me in its grip,
Ein seltsames Nervenleiden hatte mich im Griff,

207.5 and I found myself at times almost unable to shut my eyes.
und ich konnte zeitweise kaum die Augen schließen.

208.1 It was then that I began to study the mirror with mounting alarm.
In diesem Moment begann ich, den Spiegel mit wachsender Sorge zu betrachten.

208.2 The slow ravages of disease are not pleasant to watch,
Der langsame Verfall der Krankheit ist nicht angenehm zu beobachten,

208.3 but in my case there was something subtler and more puzzling in the background.
aber in meinem Fall gab es etwas Subtileres und Rätselhafteres im Hintergrund.

208.4 My father seemed to notice it, too, for he began looking at me curiously and almost affrightedly.
Auch mein Vater schien es zu bemerken, denn er schaute mich neugierig und fast ängstlich an.

208.5 What was taking place in me?
Was ging da in mir vor?

Could it be that I was coming to resemble my grandmother and uncle Douglas? 208.6
Konnte es sein, dass ich meiner Großmutter und Onkel Douglas immer ähnlicher wurde?

One night I had a frightful dream in which I met my grandmother under the sea. 209.1
Eines Nachts hatte ich einen furchtbaren Traum, in dem ich meiner Großmutter unter dem Meer begegnete.

She lived in a phosphorescent palace of many terraces, with gardens of strange leprous corals and grotesque brachiate efflorescences, and welcomed me with a warmth that may have been sardonic. 209.2
Sie lebte in einem phosphoreszierenden, terrassenförmig angelegten Palast mit Gärten aus seltsamen aussätzigen Korallen und grotesken Brachialblüten und empfing mich mit einer Herzlichkeit, die sardonisch hätte sein können.

She had changed - 209.3
Sie hatte sich verändert -

as those who take to the water change - 209.4
so wie sich diejenigen verändern, die ins Wasser gehen -

and told me she had never died. 209.5
und sagte mir, dass sie nie gestorben sei.

Instead, she had gone to a spot her dead son had learned about, and had leaped to a realm whose wonders - 209.6
Stattdessen war sie an einen Ort gegangen, von dem ihr toter Sohn erfahren hatte, und hatte sich in ein Reich begeben, dessen Wunder -

destined for him as well - 209.7
auch für ihn bestimmt -

209.8 he had spurned with a smoking pistol.
er mit einer rauchenden Pistole verschmäht hatte.

209.9 This was to be my realm, too -
Dies sollte auch mein Reich werden -

209.10 I could not escape it.
ich konnte ihm nicht entkommen.

209.11 I would never die, but would live with those who had lived since before man ever walked the earth.
Ich würde niemals sterben, sondern mit denen leben, die schon lebten, bevor der Mensch auf der Erde wandelte.

211.1 "One night, in a frightful dream, I met two Ancient Ones under the sea in a phosphorescent, many terraced palace surrounded by gardens of strange, leprous corals."
"Eines Nachts begegnete ich in einem schrecklichen Traum zwei Uralten unter dem Meer in einem phosphoreszierenden, vielstufigen Palast, der von Gärten aus seltsamen, aussätzigen Korallen umgeben war."

I met also that which had been her grandmother. 213.1
Ich traf auch die, die ihre Großmutter gewesen war.

For eighty thousand years Pth'thya-l'yi had lived in Y'ha-nthlei, and thither she had gone back after Obed Marsh was dead. 213.2
Achtzigtausend Jahre lang hatte Pth'thya-l'yi in Y'ha-nthlei gelebt, und dorthin war sie zurückgekehrt, nachdem Obed Marsh gestorben war.

Y'ha-nthlei was not destroyed when the upper-earth men shot death into the sea. 213.3
Y'ha-nthlei wurde nicht zerstört, als die Oberirdischen den Tod ins Meer schossen.

It was hurt, but not destroyed. 213.4
Es wurde verletzt, aber nicht zerstört.

The Deep Ones could never be destroyed, 213.5
Die Tiefenmenschen konnten niemals zerstört werden,

even though the palaeogean magic of the forgotten Old Ones might sometimes check them. 213.6
auch wenn die paläogeanische Magie der vergessenen Alten sie manchmal aufhalten konnte.

For the present they would rest; 213.7
Für den Augenblick würden sie ruhen;

but some day, if they remembered, they would rise again for the tribute Great Cthulhu craved. 213.8
aber eines Tages, wenn sie sich erinnerten, würden sie sich wieder erheben, um den Tribut zu fordern, den der Große Cthulhu verlangte.

It would be a city greater than Innsmouth next time. 213.9
Das nächste Mal würde es eine größere Stadt als Innsmouth sein.

213.10 They had planned to spread, and had brought up that which would help them, but now they must wait once more.

Sie hatten geplant, sich auszubreiten, und hatten das mitgebracht, was ihnen helfen würde, aber jetzt mussten sie noch einmal warten.

213.11 For bringing the upper-earth men's death I must do a penance, but that would not be heavy.

Dafür, dass ich den Tod der Oberirdischen herbeigeführt hatte, musste ich Buße tun, aber das würde nicht schwer sein.

213.12 This was the dream in which I saw a shoggoth for the first time, and the sight set me awake in a frenzy of screaming.

Dies war der Traum, in dem ich zum ersten Mal einen Shoggoth sah, und der Anblick ließ mich in einem rasenden Schrei erwachen.

213.13 That morning the mirror definitely told me I had acquired the Innsmouth look.

An diesem Morgen verriet mir der Spiegel eindeutig, dass ich das Innsmouth-Aussehen angenommen hatte.

214.1 So far I have not shot myself as my uncle Douglas did.

Bisher habe ich mich noch nicht erschossen, wie es mein Onkel Douglas getan hat.

214.2 I bought an automatic and almost took the step,

Ich habe mir eine Automatik gekauft und hätte den Schritt fast getan,

214.3 but certain dreams deterred me.

aber gewisse Träume haben mich davon abgehalten.

The tense extremes of horror are lessening, and I 214.4
feel queerly drawn toward the unknown sea-deeps instead of fearing them.

Die extremen Spannungen des Schreckens lassen nach, und ich fühle mich auf seltsame Weise zu den unbekannten Meerestiefen hingezogen, anstatt sie zu fürchten.

I hear and do strange things in sleep, and awake 214.5
with a kind of exaltation instead of terror.

Ich höre und tue seltsame Dinge im Schlaf und wache mit einer Art Hochgefühl statt mit Schrecken auf.

I do not believe I need to wait for the full change as 214.6
most have waited.

Ich glaube nicht, dass ich auf die vollständige Veränderung warten muss, wie die meisten gewartet haben.

If I did, my father would probably shut me up in a 214.7
sanitarium as my poor little cousin is shut up.

Wenn ich das täte, würde mein Vater mich wahrscheinlich in ein Sanatorium einsperren, so wie meine arme kleine Cousine eingesperrt ist.

Stupendous and unheard-of splendors await me 214.8
below,

Ungeheure und unerhörte Herrlichkeiten erwarten mich unten,

and I shall seek them soon. Iā-R'lyeh! Cthulhu 214.9
fhtagn!

und ich werde sie bald aufsuchen. Iā-R'lyeh! Cthulhu fhtagn!

Iā! Iā! 214.10

Iā! Iā!

214.11 No, I shall not shoot myself — I cannot be made to shoot myself!

Nein, ich werde mich nicht erschießen — ich kann nicht gezwungen werden, mich zu erschießen!

215.1 I shall plan my cousin's escape from that Canton madhouse,

Ich werde die Flucht meines Vetters aus dem kantonalen Irrenhaus planen,

215.2 and together we shall go to marvel-shadowed Innsmouth.

und gemeinsam werden wir uns ins märchenbeschattete Innsmouth begeben.

215.3 We shall swim out to that brooding reef in the sea and dive down through black abysses to cyclopean and many-columned Y'ha-nthlei,

Wir werden zu dem grüblerischen Riff im Meer hinausschwimmen und durch schwarze Abgründe zum zyklopischen und vielsäuligen Y'ha-nthlei hinabtauchen,

215.4 and in that lair of the Deep Ones we shall dwell amidst wonder and glory forever.

und in dieser Höhle der Tiefen werden wir für immer inmitten von Wunder und Herrlichkeit verweilen.

Our Collections

Franz Kafka Collection

- *The Metamorphosis / Die Verwandlung*
- *The Trial / Der Prozess*
- *The Castle / Das Schloss*
- *and many more...*

Pakt mit dem Teufel

- *Faust Parts I & II* by Johann Wolfgang von Goethe
- *Doctor Faustus* by Christopher Marlowe

Portraits of Irishmen

- *The Picture of Dorian Gray* by Oscar Wilde
- *A Portrait of the Artist as a Young Man* by James Joyce

Children's Classics

- *Winnie-the-Pooh / Pu der Bär*
- *Brothers Grimm Fairy Tales*
- *Fairy Tales Told for Children*
  - Author: Hans Christian Andersen